prometeo
libros

prometeo
libros

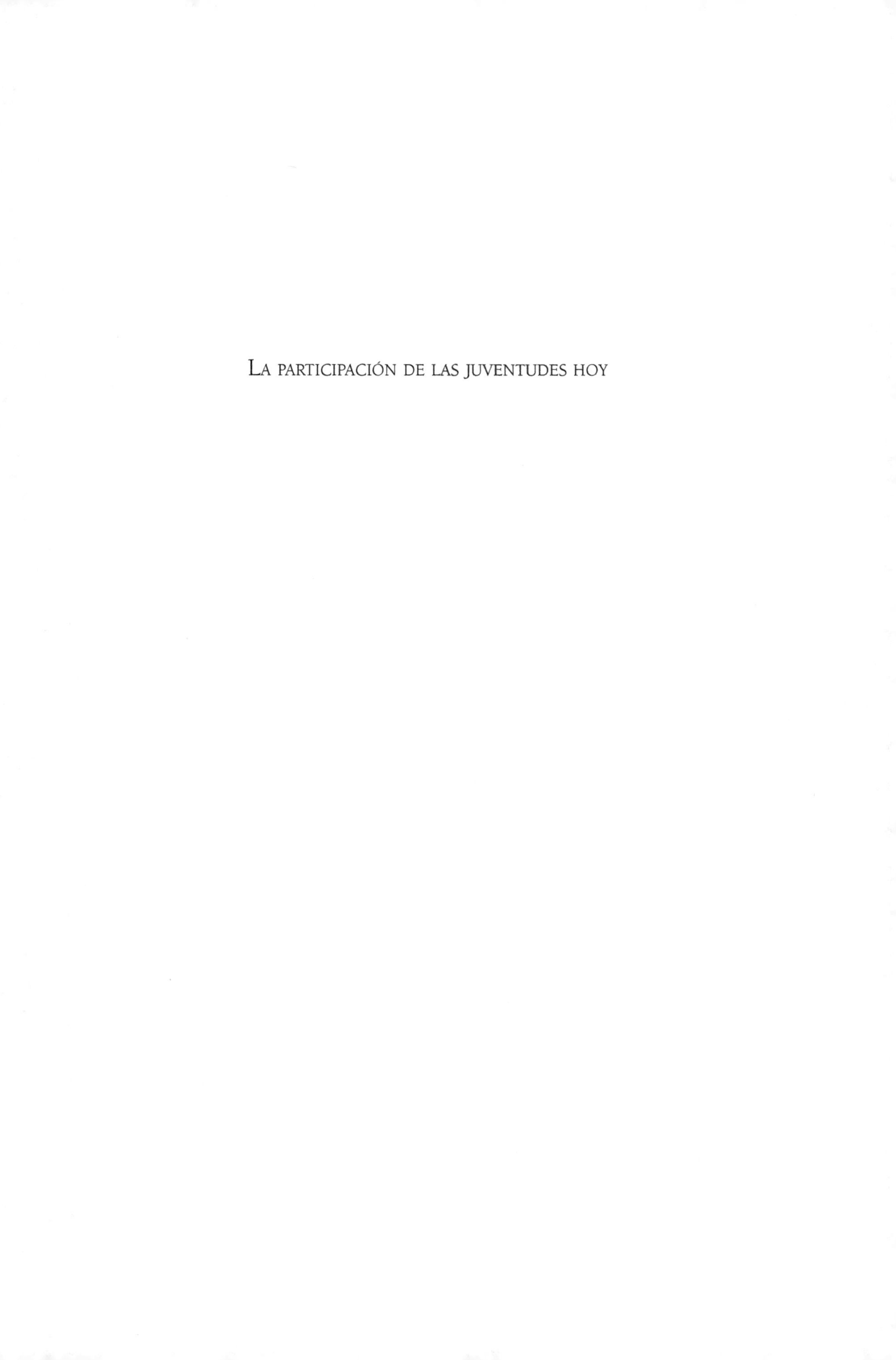

LA PARTICIPACIÓN DE LAS JUVENTUDES HOY

Federico M. Rossi

La participación de las juventudes hoy

La condición juvenil y la
redefinición del involucramiento
político y social

prometeo
libros

©De esta edición, Prometeo Libros, 2009
Pringles 521 (C11183AEJ), Ciudad Autónoma
de Buenos Aires, Argentina
Tel.: (54-11) 4862-6794 / Fax: (54-11) 4864-3297
info@prometeolibros.com
www.prometeoeditorial.com

Diseño, diagramación y cuidado técnico de la edición y
del estilo de los textos:
Taller de Edición
www.tallerdeedicion.com.ar / taller@tallerdeedicion.com.ar
Espinosa (54 11) 15 3557 1492

ÍNDICE

ÍNDICE DE CUADROS

INTRODUCCIÓN

> Como un amigo escritor dijo,
> sabemos que no vamos a cambiar el mundo por completo.
> Pero también sabemos que no estamos aquí para dejarlo como está,
> sino que para moldearlo a imagen de nuestros sueños
> y esperanzas para el futuro.
>
> Adriana Benjumena,
> Red Juvenil de Medellín, Colombia (2002: 52).

Los jóvenes de todas partes del mundo muestran un creciente rechazo a la política institucional y sus actores clásicos por excelencia. Debido a esto, muchos afirman que nos encontramos ante una juventud apática. En esta obra buscaremos mostrar por medio del estudio de varios casos como esta afirmación resulta parcial y no refleja la complejidad que subyace a las causas de la activación política y las formas de participación que despliegan las juventudes en el mundo contemporáneo. Como dice Heike Kahl, directora de la *German Children and Youth Foundation*: "Si las clásicas grandes organizaciones como los Scouts no son las estructuras en las que la gente joven quiere organizarse, no es un problema de la gente joven..." (entrevista), es un problema de los adultos que las dirigen y de estas organizaciones.

Esta obra es el producto de la inquietud que las autoridades (adultas) de la *Fondation Charles Léopold Mayer pour le Progrès de l'Homme* tienen desde hace varios años en saber cómo promover la participación política de los jóvenes para el cambio social. Con un interés teórico y político encomendaron al autor un trabajo de investigación que les permitiera responder tres preguntas clave: *¿qué activa políticamente con más frecuencia a los jóvenes en la actualidad?, ¿cómo participan los jóvenes* *hoy?*, y *¿existe algún tipo de organización que los atraiga más?* Esta inquietud muy común entre los adultos más politizados requiere de un estudio que considere tres dimensiones de análisis (individual, organizacional y societal) a fin de encontrar una respuesta más compleja, basada en la reformulación de muchas de las preconcepciones sobre las juventudes y su participación política. Por ello, con el objetivo de contribuir a la comprensión de *las juventudes en movimiento* y a la labor en políticas de juventud, este trabajo parte de la hipótesis de que debido a que la condición juvenil es interpretada por los mismos jóvenes como transitoria, la participación juvenil no representa un fin en sí mismo. Ésta es considerada un medio para algo mayor, así como un rol social que el sujeto ocupa en las relaciones sociales en las que se encuentra inmerso.

Como se verá a través de estas páginas —según la visión de los propios jóvenes y de quienes participan regularmente con ellos— la condición juvenil no parece ser la que estructura la participación política, ni la que constituya actores ni proyectos políticos colectivos, sino mundos de la vida (o sensibilidades) mutuamente más cercanos y, por tanto, códigos y lenguajes compartidos. Como se ilustrará en diversos casos, debido a que los sujetos en condición juvenil no se consideran *fieles* a los agrupamientos en los que participan sino a las "causas" que estos sostienen, parecen haber resignificado el rol que las organizaciones y colectivos ocupan en sus vidas. Estos se presentan principalmente como canales que se sustentan en los resultados obtenidos, y no tienden a considerar necesario preocuparse por sostener un agrupamiento si no parece dar los resultados esperados. Por lo tanto, en este libro se sugiere que los sujetos en condición juvenil no se inscriben políticamente insertando en el espacio público un nuevo clivaje político (el generacional), sino que tienden a buscar insertarse como pares. El reconocimiento de su especificidad (la condición juvenil) resulta entonces crucial, así como su inclusión en el colectivo como una parte de un todo.

Estructura de la obra

La obra se organiza en tres capítulos, cada uno abordando focos de análisis diferentes. En el capítulo 1 examinaremos las transformaciones sufridas por la matriz sociopolítica clásica, sus actores por excelencia y la acción colectiva. También estudiaremos los efectos sufridos por las biografías y el fin de la linealidad entre el curso biológico y biográfico de la vida. Concluiremos el capítulo presentando una definición de la condición juvenil.

En el capítulo 2 nos dirigiremos al estudio en profundidad de diversos casos de organizaciones o agrupamientos sociales, culturales y/o políticos. Nos enfocaremos siempre en el sujeto joven y su relación con el colectivo. De este análisis extraeremos conclusiones generales que nos permitirán comprender mejor el modo en que los jóvenes se activan políticamente, así como las maneras en que entienden su participación y la llevan adelante. Veremos cómo no existe una organización ideal para la participación de las juventudes, sino que cada cual dependerá de los objetivos y los principios que los sujetos que en ellas participen deseen llevar adelante.

Los casos que estudiaremos en el capítulo 2 son: la Asociación por una Tasa a las Transacciones financieras para la Ayuda al Ciudadano (ATTAC), Amnistía Internacional, Amigos de Talas, la Comunidad Klampun, el *International Youth Parliament* (IYP), la *Young Women Christian Association* (YWCA), los grupos autonomistas alter-mundialización y las tribus urbanas de los *punks*, *graffiteros*, *okupas* y *hip-hopers*. Todos ellos fueron elegidos por ser modélicos de diversos tipos de organización y espacios de participación (organizaciones de movimientos sociales, ONG, redes informales, organizaciones internacionales, comunidades rurales, etc.) y ofrecer ejemplos generalizables sobre las formas de *efectiva inscripción política* de las juventudes en diversas partes del mundo. En el caso de las tribus urbanas, en cambio, será abordada la problemática definición de estas redes como espacios de inscripción política.

Son considerados "espacios de inscripción política" aquellos seleccionados por ser entendidos como los sitios organizativos donde los jóvenes tienden con más frecuencia a encontrarse para introducir colectivamente transformaciones sociales. Esta definición se debe a un recorte que realizamos a pedido de la institución que ha solicitado esta investigación, pero a su vez responde a una inquietud más general que es la de las preguntas postuladas al inicio de este libro y las que se introducirán en el capítulo correspondiente. Por este motivo, los espacios son intencionalmente disímiles, pero a su vez contienen una característica común: son aquellos lugares donde los jóvenes mayormente se han volcado a participar. A su vez, los casos serán comparados con otros, así como con resultados obtenidos por otros estudiosos, intentando demostrar el alcance de nuestras generalizaciones.

En el capítulo 3 nuestro foco estará puesto en las dinámicas sociales y políticas en las que los jóvenes se encuentran inmersos. Este capítulo, menos extenso que el anterior, tendrá como objetivo llamar la atención sobre cuatro dimensiones clave que deben ser consideradas en el estudio de la participación juvenil a fin de evitar la abstracción del sujeto de su entorno relacional y sociohistórico. Las dimensiones serán: la fluctuación electoral, los ciclos de protesta, la educación como principal reclamo sectorial y las relaciones entre el Estado y la sociedad. Para ilustrar estas dimensiones tomaremos brevemente los casos de Eslovaquia (1993-1996 y 1998), Chile (1988-2004), China (1992-2001), Singapur (1999), Sudáfrica (1976-1995 y 1998-2008) y Tailandia (1972-1988).

Finalmente, en la conclusión, desarrollaremos nuestros argumentos en torno a las posibilidades (o imposibilidades) de constituir un *movimiento social de juventud*, sostenido en una "conciencia generacional". Cerraremos la obra con un llamado a reformular las preconcepciones sobre la participación juvenil.

Metodología y fuentes empíricas

Los resultados presentados en este libro se sustentan en el estudio de varios casos entre marzo de 2004 y febrero de 2005. Para ello hemos realizado 43 entrevistas semi-estructuradas a jóvenes activistas (55,8% de los entrevistados) y adultos que se desempeñan como directivos de las principales organizaciones *para* y *con* jóvenes del mundo (los mismos serán nombrados cuando sean citados en el texto). Con el objeto de analizar con cierta profundidad experiencias de participación de jóvenes, pero sin perder de vista el objetivo de distinguir ciertos patrones comunes, la estrategia de investigación se basó en un muestreo de experiencias juveniles obtenidas por cumplir con los siguientes criterios: 1. La relevancia para las preguntas de investigación en base a su efectiva y relativamente extensa experiencia de participación política en posiciones de preeminencia y/o toma de decisiones, y 2. La diversidad de contexto nacional, organizacional y de tipo de participación política.

Producto de este criterio para la selección de la muestra, en el desarrollo del libro se encontrará una cierta sobrerrepresentación de sujetos de los sectores medios participando en las formas de inscripción política que serán analizadas. No obstante incluir casos de participación que no provienen de las clases medias (tribus urbanas, Comunidad Kamplun), esta sobrerrepresentación ha sido un subproducto de la pesquisa misma. En la búsqueda de aquellos jóvenes que han accedido a puestos de toma de decisiones en las organizaciones sociales se reitera un origen socioeconómico. El estudio de las causas estructurales de esta sobrerrepresentación de jóvenes de clases medias en las instancias decisoras de las organizaciones sociales no es el objeto de este estudio, sino que ha sido uno de los resultados obtenidos. Si bien es cierto que existen movimientos sociales compuestos por sectores de bajos ingresos económicos con cierta participación de jóvenes sin una educación formal completa —como sucede en las organizaciones de trabajadores desocupados de la Argentina— en estos no se han encontrado jóvenes en instancias centrales de decisión, y por tanto no han sido estudiados por no responder a las preguntas que guían a este trabajo. La problematización de esta sobrerrepresentación, no obstante exceder el objeto de este libro, puede brevemente atribuirse al capital social que los jóvenes de clases medias obtienen en el curso de su formación, y traen con sí de sus historias familiares que les proveen de herramientas para ascender en los escalafones internos de los agrupamientos políticos y sociales. Sin embargo, una explicación de este tipo deja muchas preguntas sin responder que radican en la diversidad de historias que es posible observar si el estudio es realizado sobre múltiples espacios alternativos para el uso de ese capital social. Es allí donde las preguntas, que este trabajo abre e intenta ilustrativamente responder, encuentran su sentido más allá del componente socioeconómico de aquellos sujetos que comparten una condición particular: la juvenil.

Las entrevistas fueron realizadas a personas provenientes de los siguientes países: Alemania, Argelia, Argentina, Australia, Bielorrusia, Brasil, Canadá, China, Colombia, República Democrática del Congo, Ecuador, El Salvador, España, Estados Unidos, Filipinas, Francia, India, Irán, Kenia, Líbano, Macedonia, Mozambique, Panamá, Papúa Nueva Guinea, Paraguay, Rusia, Sudáfrica, Suecia, Sri Lanka, Tanzania, Uruguay y Zimbabwe. En 39,5% (17) de los casos las entrevistas fueron llevadas adelante en forma personal, 9,3% (4) por vía telefónica y 51,1% (22) por medio de la Internet (ver los cuadros I y II). Todas fueron efectuadas por el autor en el período comprendido entre marzo de 2004 y febrero de 2005, excepto por una, realizada en parte personalmente durante la *International Youth Foundation* (IYF) *13th Annual Partner Network Meeting* (Washington, octubre de 2003) y la *Youth Action Net Meeting* (Baltimore, octubre de 2003). Las entrevistas personales —excepto por el caso mencionado— se realizaron en París, Buenos Aires y Porto Alegre. Para quienes deseen más información o replicar algunas de las dimensiones de esta investigación, se incluye al final de la obra un Anexo que presenta los cuestionarios utilizados en jóvenes y adultos para las entrevistas realizadas por la Internet. El listado preciso de las personas entrevistadas puede ser solicitado al autor.

Cuadro I: Distribución por género y edad

Edad		Género	
Jóvenes	55,8% (24)	Mujeres	58,1% (25)
Adulto/as	44,2% (19)	Varones	41,9% (18)
Total	100% (43)	Total	100% (43)

Cuadro II: Distribución combinada

	Jóvenes	Adulto/as	Totales
Mujeres	52% (13)	48% (12)	100% (25)
Varones	61,1% (11)	38,9% (7)	100% (18)

Los resultados se sustentan también en la observación realizada durante el Foro Social Mundial (FSM) 2005 y el 5° Campamento Intercontinental de la Juventud (Porto Alegre, enero-febrero de 2005); la Asamblea Mundial Anual de la Asociación por una Tasa a las Transacciones financieras para la Ayuda al Ciudadano (ATTAC) (Porto Alegre, enero de 2005); y la IYF *14th Annual Partner Network Meeting* (Buenos Aires, octubre de 2004). También se ha utilizado el material provisto por los entrevistados, el obtenido de las páginas de la Internet de los casos y ejemplos mencionados y el material recopilado durante el *International Youth Parliament* (IYP) (Sydney, octubre de 2000), el *Students' Forum 2000* (Praga, julio de 2001), las IYF *Annual Partner Network Meeting* 2003 y 2004, el FSM 2005 y el que gentilmente nos ha provisto un participante del *Alliance of Youth CEOs –UNICEF Experts Workshops on Child and Youth Participation* (Ginebra, noviembre de 2003).

En términos metodológicos, la estrategia fue la de la realización de un muestreo intencional o dirigido (*purposive sampling*) (Rubin y Rubin, 1995) con el propósito de desarrollar un estudio de casos de efectiva participación donde cada uno permita ilustrar las diferentes dimensiones de la participación de los jóvenes por medio de actores que poseen experiencias y conocimientos que no se obtienen por medio de muestreos aleatorios o estrategias de bola de nieve o encadenamiento (*snowball sampling*). Esto fue posible por la extensa participación del autor en el área (ver solapa), la que permitió acceder a diversos encuentros así como contactar a actores centrales en múltiples organizaciones (algunas de las cuales no han sido incluidas –pero si consideradas en las generalizaciones– como, por ejemplo, la *World Association of Girl Guides and Girl Scouts*). Simultáneamente, con el fin de hallar pautas comunes de activación y participación, la estrategia incluyó la elaboración de un estudio comparado multi-sitio, el cual permite obtener ciertas características comunes que admitan establecer generalizaciones (Schofield, 2002). Por este motivo, decidimos otorgar grados diversos de profundidad a cada caso de participación en base a la capacidad de ilustrar lo que busca argumentarse. La falta en muchos casos de una contextualización profunda resulta por tanto deliberada. En el capítulo 3 esto es acentuado con el objeto de tan sólo introducir con cierto nivel de parsimonia las dimensiones de análisis generalmente ignoradas en el estudio de las juventudes y a fin de sugerir análisis holísticos comparados.

Agradecimientos

Nunca hubiera existido este libro sin la inestimable buena voluntad y tiempo de jóvenes y no tan jóvenes de todos los continentes que, no obstante tener agendas muy complicadas por la relevancia de sus tareas, han dispuesto de horas para conversar, han facilitado cientos de documentos internos e importantes contactos que permitieron expandir los horizontes del autor.

Entre las decenas de personas que deberían ser agradecidas por evitar en diversas etapas que esta obra sea más incompleta y contenga más errores, deseamos reconocer el apoyo, estímulo y comentarios de Nicole Breeze, Sofiah Mackay y May Miller-Dawkins de Oxfam Australia, Alberto Croce de la Fundación SES, David Hornbeck y Bill Reese de la *International Youth Foundation*, Joop Theunissen de la *Youth Division for Social Policy and Development*, DESA - Naciones Unidas, Sergio Balardini de la *Friedrich Ebert Stiftung* de Argentina, Daniel Espíndola de la Red Latinoamericana de Juventudes Rurales, Andrés Beibe de Ágora, Luis Dávila de la *Global Youth Action Network*, Javier Auyero de la *University of Texas, Austin*, Sebastián Pereyra y Sebastián Mauro de la Facultad de Ciencias Sociales de la Universidad de Buenos Aires, y de María Graciela Rodríguez y Alejandro Grimson del Instituto de Altos Estudios Sociales de la Universidad Nacional de San Martín. A su vez, este trabajo existe gracias al generoso apoyo de la *Fondation Charles Léopold Mayer pour le Progrès de l'Homme*, y en especial al esfuerzo de Juliette Decoster y Nicolas Haeringer. *Merci!*

Finalmente, agradecemos la autorización de *Sage Publications* para la reproducción de algunas partes de los capítulos 1 y 2, las que han sido previamente publicadas en el artículo "Youth Political Participation: Is This the End of Generational Cleavage?" en *International Sociology* (24: 4).

CAPÍTULO 1
CONTEXTO GENERAL
Y DEFINICIÓN DE LA
CONDICIÓN JUVENIL

> La juventud, como forma normal, existe tan poco como
> los jóvenes que tienen una imagen estable de sí mismos.
> La identidad no debe ser cultivada como un proyecto terminable,
> sino que se transforma en una especie de *hábito de búsqueda*
> que no acaba jamás, ni puede ni debe acabar.
> La propia vida, sobre todo, de los jóvenes es
> la vida *experimental*, la vida a prueba.
>
> Ulrich Beck (1999: 206)

1.1. Transformaciones sociales, políticas y culturales

Hasta —al menos— mediados de la década de 1970, en la gran mayoría de los países industrializados y en vías de industrialización, predominó la llamada matriz sociopolítica clásica (o nacional-popular) de la acción colectiva (Garretón, 2002). Esta matriz se caracterizaba por la interpenetración entre Estado y sociedad, conformando un actor que abarcaba a diferentes movimientos sociales al identificarse a sí mismo con "el pueblo". El movimiento nacional y popular (Garretón, 2002: 9-10), en las diversas versiones en que se presentó en el mundo, fue considerado el sujeto único de la historia y se lo veía encarnado en el movimiento obrero.

Esta matriz sociopolítica, que articulaba y moldeaba la acción colectiva, sus actores (movimiento obrero, empresas, Estado, etc.) y el modo de resolución de las disputas políticas, fue desmantelándose en todo el mundo. Las transformaciones que llevaron al fin de un tipo de matriz que favorecía una articulación centralizada en el movimiento obrero tuvieron diferentes alcances en todo el mundo. En América Latina o África, el impacto de regímenes autoritarios y militares, así como reformas neoliberales anti-populares, llevaron a una virtual desarticulación del modelo de sociedad industrial de Estado-nación que buscaba plasmarse (Oxhorn y Starr, 1999; Oxhorn, Tulchin y Seele, 2004). En Europa, en cambio, su impacto se expresó en un retroceso en las capacidades del Estado para articular a los sectores antes incluidos en la sociedad, perdiendo gran parte de sus principios organizadores de la solidaridad (Rosanvallon, 1995: 10).

Más allá de las particularidades de cada región y proceso nacional, el desmantelamiento de la matriz que caracterizó a la acción colectiva en gran parte del mundo (al menos la occidental), se desarrolló en directa conexión con un proceso de transformaciones globales. La llamada "globalización" es una dimensión ineludible en todo estudio que busque dar cuenta de algunas de las particularidades que han emergido en la acción colectiva. Sin embargo, la idea misma de la globalización es sumamente debatida. No buscamos aquí desarrollar el extenso debate en torno de ella, pero sí presentar una serie de características que deben ser consideradas como inescindibles de las transformaciones sufridas por el capitalismo a nivel planetario.

Como afirma Giddens (1991), la "Globalización puede ser definida como la intensificación mundial de las relaciones sociales, lo que vincula a localidades distantes de una manera que los sucesos locales son moldeados por eventos ocurriendo a muchas millas de distancia de allí, y viceversa" (1991: 64). Con todo, la sola afirmación de que la globalización implica una intensificación de los vínculos, no nos permite dar cuenta de cómo se han transformado estas nuevas y más dinámicas conexiones. La globalización se encuentra asociada a diversos procesos de interdependencia cultural, política y económica. Mientras políticamente se estaría desarrollando un creciente descentramiento del Estado-nación y por tanto la reformulación de los patrones de acción colectiva (Garretón, 2002). Económicamente la interdependencia creciente del capitalismo global promueve una rearticulación de los modelos de producción. Mientras que culturalmente, en simultáneo, se produce un importante impacto en la auto-formación identitaria al establecer similitudes y diferencias que trascienden/contradicen las unidades territoriales (Appadurai, 1996).

Es en este sentido que Robertson (1995) busca complejizar el debate sobre la dimensión cultural de la globalización, alegando que erróneamente se asocia a la globalización con la imposición de una homogeneización mundial (lo que algunos llaman la "macdonalización" del mundo). Según este autor, la creciente interdependencia es un proceso global que no se desarrolla en desmedro de la heterogeneidad local. Es decir, la homogeneización es un proceso de la modernidad (es la dimensión temporal), mientras que la globalidad debe ser entendida como la interpenetración geográfica de "civilizaciones" (su dimensión espacial). En este sentido, la globalidad creciente del mundo y su mayor interconexión no puede ser vista como una necesaria difusión de la homogeneización de la modernidad occidental.

En todas partes del mundo las comunicaciones se han acrecentado, llevando a que los jóvenes utilicen cada vez más tecnologías de las comunicaciones virtuales, desde los teléfonos móviles a la Internet. Este proceso de consumo creciente de bienes vinculados a las comunicaciones tiene obviamente un efecto muy importante en el acercamiento de distancias y creciente vinculación de la que habla Giddens. Pero este efecto no debe confundírselo con una homogeneización de las juventudes. En el mundo, el uso y resignificación de las comunicaciones entre las juventudes se ve adaptado a las especificidades de las realidades locales en las cuales habitan (Bennet, 2000). Es en este sentido que la globalización es un proceso dialéctico, donde la heterogeneidad local es intervinculada en un proceso mundial, yuxtaponiendo lo "global" (universal) y lo "local" (particular), definiendo por tanto una realidad "glocal" (Robertson, 1995).

Es muy común oír o leer en la prensa o medios de comunicación masivos la afirmación de que el mundo ha sido completamente transformado. Que vivimos en un nuevo mundo, donde los cambios son acelerados y sin aparente horizonte. Muchos estudios muestran como la creciente interconexión y vinculación *glocal* no anula ni desmantela la tradición asentada a través de los siglos en las culturas locales. La tradición se encuentra imbricada en el proceso de cambio, más aún ,la "tradición nutre a la modernidad" (Lagreé, 2004: 106). El nuevo contexto de socialización que emerge en las juventudes actuales no es el producto de una abrupta ruptura con el pasado, ni su asimilación a un patrón universal homogeneizador. La yuxtaposición de lo global y lo local convive con la absorción y resignificación de la tradición y la modernidad (Lagreé, 2004). Este complejo proceso implica una asimilación de patrones selectivos globales y modernos, y su imbricación con las particularidades locales y el *stock* de conocimiento acumulado en las generaciones pasadas y su tradición cultural.

El movimiento *hip-hop* de las favelas de Brasil es un claro ejemplo de lo que buscamos argumentar. Los jóvenes afro-brasileños conscientemente adoptan de manera selectiva una cultura juvenil transnacional (Gordon, 1999: 1). Sin embargo, de la cultura *hip-hop* de Estados Unidos adaptan a su realidad local (reconociendo a sus antecesores locales) la ideología racial que influencia tan fuertemente al *hip-hop* del norteamericano (Gordon, 1999: 2). Es importante destacar que la resignificación de un movimiento global a su realidad local, así como la adaptación del mismo a las tensiones y tradiciones pre-existentes de Brasil (donde el discurso racial es mayormente negado), no es exclusivo de los jóvenes.

1.2. La acción colectiva y el sujeto en el mundo actual

Toda esta serie de transformaciones y procesos, de los que hemos hecho una breve presentación, tienen un efecto muy profundo en las relaciones sociopolíticas en las cuales los sujetos y actores colectivos se verán mayormente inmersos.

Desde la década de 1980, y más aceleradamente desde 1991 una vez disuelta la Unión Soviética, comienzan a emerger como actores centrales del nuevo mapa político las organizaciones no gubernamentales (ONG), los grupos extra institucionales (grupos económicos, medios de comunicación) y los llamados nuevos movimientos sociales. Estos nuevos actores coexisten con los clásicos (sindicatos, partidos políticos, etc.), los cuales han perdido parte de su capacidad de renovación social corpovizándose. Es en este nuevo marco que las emergentes formas de acción colectiva se caracterizan cada vez más por el descentramiento del Estado nacional como articulador social (Garretón, 2002). La gran variedad de formas de protesta y la menor estabilidad organizativa a través de extensos períodos históricos, denota la emergencia de nuevos actores no concentrados en un principio constitutivo central, inscribiéndose no sólo estratégicamente sino también identitariamente.

Debido a estos importantes cambios, los individuos sufren la creciente disolución de los referentes de certidumbre que han caracterizado a las relaciones sociolaborales, familiares y políticas en los últimos cincuenta años. La desinstitucionalización de los marcos colectivos que estructuraban la identidad social e individual no es sólo producto del retroceso del Estado en sus roles sociales (Europa, Estados Unidos, Australia), o del fin de un patrón de desarrollo económico-productivo (Europa del Este, América Latina, África), sino que significa "… la desintegración de las certezas de la sociedad industrial [o sus equivalentes locales] así como la compulsión a encontrar e inventar nuevas certezas para sí mismo y los demás…" (Beck, 1994: 14). Sin embargo, como Castel (1997: 472) afirma, esta individualización es un proceso bipolar. Los jóvenes que integran los sectores privilegiados de gran parte del planeta experimentan de manera positiva la progresiva individualización y necesidad de vivir la propia biografía de un modo crecientemente autónomo y reflexivo. Es un proceso donde puede ser que se favorezcan la autenticidad, libertad y realización personal sin las ataduras de trayectorias que parecían estar definidas por tradiciones y patrones extremadamente rígidos. Simultáneamente, en cambio, entre los grupos menos favorecidos por las transformaciones de los últimos años, esta individualización compulsiva es vivida como una falta de marcos de referencia. Es decir, la creciente falta de resguardos materiales y simbólicos (por las reformas neoliberales, las transformaciones del Estado y la precarización del empleo y la educación) hace que a muchos jóvenes les resulte muy penoso el logro de una –no siempre emancipadora– constitución identitaria. Por el contrario, se observa en muchos casos, el padecimiento de una situación de vulnerabilidad y caída social viviendo las exigencias de individualización en términos de anomia y fragilización (Rossi, 2005b).

En resumen, mientras todos viven los cambios de los que dimos cuenta estos no son experimentados de la misma manera, en algunos generando emancipación y autorrealización, y en otros fragilización y vulnerabilidad (Castel, 1997: 473).

Dichas transformaciones tienen efectos en la configuración de la ciudadanía, derivando en la constitución de "ciudadanías múltiples" (Held, 2000: 402). Tanto producto de la construcción cada vez más reflexiva de su identidad, como por la fragilización que la pérdida de resguardos produce, los jóvenes se encuentran inmersos en diversas comunidades de destino. En ellas se ven enfrentados a la necesidad de ser ciudadanos de sus propias comunidades (en la defensa de su educación, la exigencia de empleos y condiciones de vida dignas, etc.), como de otras más amplias. La creciente interdependencia hace del mundo un espacio donde las acciones, por ejemplo contra el medio ambiente, posean efectos en lugares muy diversos y lejanos. Esto muchas veces involucra a los jóvenes en ciudadanías basadas en comunidades de destino globales o regionales (por ejemplo, el ecologismo, como principio global, puede ser una comunidad de destino que una a jóvenes en diversas partes del mundo, aunque no se conozcan personalmente). También, la interdependencia y conexión selectiva que producen las comunicaciones por la Internet favorece comunidades de destino transnacionales. Como dicen Sarswahi y Larson, "...de muchas maneras, las vidas de jóvenes de clase media de la India, el Sudeste Asiático y Europa tienen más en común una de la otra que con la de aquellos jóvenes pobres en sus propios países" (2002: 344). Estas nuevas y diversas ciudadanías, así como la desarticulación del Estado como centralizador de las relaciones sociales, obliga a los jóvenes a redefinir el mundo en el que viven a fin de poder relacionarse de alguna nueva manera con él. Es decir, los obliga a construirse nuevas certezas que los contengan simbólicamente.

No afirmamos que en el marco de la matriz clásica no existieran riesgos globales (la amenaza de una guerra nuclear determinó gran parte de la historia reciente), sino que una vez disueltas las certezas que producían las comunidades de partidos se han extinguido las pertenencias "fuertes" y el individuo no se reconoce más como parte de ellas. Esto, a su vez, ha dado fin a las explicaciones acabadas y meta-prescriptivas sobre los riesgos globales. Es por ello que crecientemente los jóvenes y adultos se ven obligados a redefinir en términos individuales y ajenos a los meta-relatos clásicos su propia biografía y el modo en que buscarán incidir sobre ella.

1.3. El fin de las identidades "fuertes" y las biografías lineales

Una de las consecuencias más importantes es el fin de las identidades "fuertes". Las identidades sociales y políticas son cada vez más efímeras y parciales, más fragmentadas y menos inclusivas. Es decir, ya no es posible afirmar tan fácilmente la existencia de identidades que engloben a una multiplicidad de actores y sujetos. A su vez, la identidad de los sujetos ya no es más producto de la posición en la que se encuentran en la estructura social y los roles sociales que cumplen. Este proceso, sin embargo, no es exclusivo de los jóvenes. Por ejemplo, ya no es común encontrar que un trabajador industrial manual se considere primordialmente "obrero" y sea necesariamente un actor sindicalizado y de izquierda (o populista). El fin de los meta-relatos (Lyotard, 1999) y las comunidades de partido (Manin, 1992), así como las crecientes reflexividad y fragilidad individual han disuelto la correspondencia unívoca entre los social y lo político, entendido como elemento estructurante de los agrupamientos políticos en clases o generaciones homogéneas. De todas maneras, esto no implica que los individuos se encuentren completamente desencastrados de una matriz de relaciones conflictivas.

Complementaria de lo anterior, otra consecuencia central es la creciente independencia que las biografías han experimentado respecto de la inevitable linealidad biológica. En otras palabras, la relación entre biografía y biología-tiempo vital se ha debilitado, multiplicando la diversidad de consecuencias y trayectorias posibles. Excepto en sus extremos (nacimiento y muerte) la biografía de cada individuo es menos dependiente de la inevitable linealidad biológica. Hasta la modernidad, todo individuo se veía compelido a vivir su existencia en un tiempo lineal y circular. Es decir, transitaba su vida en una serie de fases claras y secuenciadas en tiempos circulares determinados por la naturaleza. Estas secuencias podían ser las que ilustrativamente vemos en el Cuadro III, o salteando alguna etapa (generalmente niñez o juventud), pero el patrón claro y recurrente era el de la linealidad entre el desarrollo biológico desde el nacimiento hasta la muerte y el de las secuencias biográficas y su orden en correspondencia con el anterior.

Cuadro III: Modelo de vida moderno

nacimiento   muerte

niñez   *juventud*   *adultez*   *vejez*

La independencia de las biografías con respecto al curso biológico implicó que estas claras etapas determinadas por el entorno natural, perdieran preeminencia. Las biografías individuales son construcciones —como hemos argumentado— mayormente reflexivas, individualizadas, donde las identidades no son más "fuertes", ajenas a una matriz socio-política centralizadora, en un escenario de persistentes inequidades, pero a su vez de creciente interdependencia y *glocalidad*, donde el Estado ha perdido su exclusiva preeminencia en la definición de los patrones de relación social. Estas reconfiguraciones han conllevado la complejización de las biografías. Ya no es posible seguir afirmando que un individuo necesariamente vivirá estas etapas de la vida de forma lineal y una tras otra.

Muchos estudios (Smith y Rojewski, 1993; Wyn y White, 1997; Rudd y Evan, 1998; Wyn y Dwyer, 2000) muestran que patrones como la juventud "extendida", la juventud o adultez "precoz" o el "avance y retorno" entre la juventud y adultez no deben ser vistas como "pato-logías" o "disfunciones". Debe observarse en ellas las señales del nuevo patrón vital que caracteriza a la modernidad tardía. Lo que no implica que haya desaparecido el patrón moderno, sino que ahora convive con muchas otras opciones biográficas posibles.

> En la sociedad contemporánea, de hecho, la juventud no es más una mera condición biológica, sino una definición cultural. Incerteza, movilidad, transitoriedad, apertura al cambio, todos atributos tra-dicionales de la adolescencia como una fase transicional, parecen haberse movido mucho más allá de los límites biológicos, para convertirse en una ampliamente difundida connotación cultural que los individuos asumen como parte de su personalidad en diferentes etapas de su vida (Melucci, 1996: 4-5).

La adultez como condición predefinida bajo cualidades tales como las que figuran en el Cuadro IV, ya no son un "punto de llegada" en la vida sino una condición oscilante, relativa y transitoria como la con-dición juvenil. El sujeto actual vive su biografía de modo no-lineal, transitando por etapas donde existe una preeminencia de características generalmente asociadas a la condición de adulto (por ejemplo, debiendo sostener económicamente a su familia), mientras en otros momentos se encontrará en una condición juvenil (por ejemplo, como estudiante) o donde convivirán ambas (por ejemplo, creciente independencia en el plano socio-cultural, en convivencia con dependencia económica). Un joven de Argentina lo expresa con claridad al explicar por qué resulta difícil llevar adelante una participación política constante y lineal: "[Existen] Mayores presiones en la vida familiar y social debido a las necesidades de mayor formación, formación continua, precariedad en los empleos, pluri-empleo" (entrevista citada por Balardini, 2005: 25).

Cuadro IV: Predominantes percepciones sociales de la juventud y la adultez

Juventud	Adultez
No adulto/ adolescente	*Adulto/ desarrollado*
Haciéndose	*Que ha llegado*
Ser pre-social que emergerá bajo las condiciones correctas	*Con una identidad fija*
Carente de poder y vulnerable	*Poderoso y fuerte*
Menos responsable	*Responsable*
Dependiente *Ignorante*	*Independiente* *Con conocimiento*
Que asume comportamientos riesgosos	*Que asume comportamientos considerados*
Rebelde	*Conformista*
No autosuficiente	*Autónomo*

Fuente: adaptado de Wyn y White, 1997: 12.

Definición de la condición juvenil

Actualmente, por lo expuesto, resulta inadecuado continuar sosteniendo el mito de una juventud homogénea, en cualesquiera de sus tres mitos más comunes. Mitos donde se identifica a todos los jóvenes con las cualidades de algunos de ellos. Estos son:

1. *La manifestación dorada de los jóvenes* (Braslavsky, 1986: 13), donde se tiende a identificar "… a todos los jóvenes con los 'privilegiados' —despreocupados o militantes en defensa de sus privilegios—, con los individuos que poseen tiempo libre, que disfrutan del ocio y, todavía más ampliamente, de una *moratoria social*, que les permite vivir sin angustias ni responsabilidades" (Margulis y Urresti, 1996: 14, n. 2).

2. *La interpretación de la juventud gris* (Braslavsky, 1986: 13), "… por la que los jóvenes aparecen como los depositarios de todos los males, el segmento de la población más afectado por la crisis, por la sociedad autoritaria, que sería mayoría entre los desocupados, los delincuentes, los pobres, los apáticos…" (Margulis y Urresti, 1996: 14, n. 2).

3. *La juventud blanca* "… o los personajes maravillosos y puros que salvarían a la humanidad, que harían lo que no pudieron hacer sus padres, participativos, éticos, etc." (Braslavsky, 1986: 13).

La condición juvenil no es más una simple etapa en una secuencia lineal biológico-biográfica (es decir, estática y dependiente de algún proceso natural), sino que debido a las transformaciones brevemente presentadas es una construcción sociocultural, históricamente delimitada y transitoria, que no tienen necesaria correspondencia con aquellos fenómenos físicos que el sujeto experimenta en su desarrollo biológico (Valenzuela, 1998: 38-39; Alpízar y Bernal, 2003: 13-14). Más aún, la nueva matriz y complejidad creciente así como el fin de los meta-relatos, hacen de *la* "Juventud (…) un concepto vacío de contenido fuera de su contexto histórico y sociocultural" (Valenzuela, 1998: 38). Su referencia situacional hace de la condición juvenil un producto de procesos de disputa y negociación entre las propias representaciones de los jóvenes y aquellas externas (aliados o antagonistas).

Sin embargo, el que las transformaciones del mundo hayan hecho de la adultez como punto de llegada o culminación de estabilización una entelequia cada vez con menor sentido, no implica que el impacto de estos cambios haya sido uniforme. La experimentación de una multiplicidad creciente de representaciones identitarias con las que convive la condición juvenil presenta al sujeto inmerso en relaciones de disputa y negociación, donde entran en juego, entre otras, el género, la etnia, etc. Es en este juego de relaciones donde se destacan dos dimensiones clave, las cuales deben ser consideradas.

Por un lado, la condición juvenil se distingue de otras condiciones, como la etnia o el género, por ser transitoria, pero recurrente (si seguimos el nuevo patrón no lineal). A pesar de que su condición transitoria no implica que por ello carezca de especificidad.

Por otro lado, el que el sujeto juvenil viva las disoluciones de los principios de referencia como una emancipación o como fragilización y vulnerabilidad, define el que la condición juvenil pueda ser vivida como una moratoria social (ver mito 1) o sin esta cualidad. Muchos jóvenes de los Balcanes han sufrido la guerra, lo que —como dice una especialista en juventud de la *Balkan Children and Youth Foundation*, de Macedonia— ha marcado sus vidas, ya que "… específicamente los jóvenes se han convertido en *joven-gente-vieja* […] crecidos, maduros demasiado pronto" (Alexandra Vidanovic, entrevista). Estos sujetos no pueden por ello dejar de ser considerados como jóvenes en el marco de las relaciones sociales en las que se desenvuelven. Esto es así incluso en casos donde no se presenten como *estrictamente* juveniles (ver Cuadro IV); como sucede entre los jóvenes del África Subsahariana, donde el VIH-SIDA los ha obligado —al perder a sus padres— a hacerse cargo de tareas antes reservadas a los adultos. Estos casos, por el contrario, pueden (como no) constituir una de las tantas posibles condiciones juveniles definidas por su contexto histórico y sociocultural de relaciones sociales.

En resumen, no creemos que la condición juvenil pueda ser definida por un rango etario, ya que éste carece de extensión explicativa universal al no considerar entorno, relaciones sociales y particularidades concretas. La juventud es una condición social, la que permite identificar sujetos específicos en múltiples contextos para ser estudiados comparativamente como jóvenes (sin necesariamente encontrarse todos dentro del mismo rango etario). En otras palabras, la respuesta a *¿quiénes son los jóvenes?* aquí no se produce por la selección de un conjunto etario sino por el posicionamiento relacional del sujeto en condición juvenil (algo temporario, circular, sin una frontera fija, pero no por tanto carente de un cierto marco de referencia sobre lo que para los sujetos entrevistados significa "ser joven"). Es este el enfoque —y la estrategia— adoptados para el siguiente capítulo.

CAPÍTULO 2
ESTUDIO DE CASOS

"... las organizaciones que piensen en el voluntariado
(en la implicación en trabajo en beneficio de la comunidad)
en clave sólo de 'ésta es la tarea que hace falta cubrir, tu tienes tiempo
libre y ganas, bien... y ya está solucionado', están tendientes al fracaso"

José Manuel Gil Meneses,
Fundación ESPLAI, España (entrevista)

2.1. Introducción

Debido a las profundas transformaciones que hemos visto en el primer capítulo, así como a las particularidades de la condición juvenil en la modernidad tardía, *la* juventud, como un actor único y homogéneo, no existe.

A esta misma multiplicidad de sujetos, mediados por identidades diversas, algunas transitorias, otras permanentes o electivas, no los organiza –como sucedía durante la matriz clásica– algún principio centralizador. Por ello, el "ser joven" no constituye un actor político, no organizándose en el espacio público de este modo. Generalmente, como veremos a través de los casos que estudiaremos, los jóvenes se inscriben políticamente por medio de coyunturas, organizaciones, ideas, proyectos o redes específicas que moldean su identidad y formas de participación. En la mayoría de los casos lo hacen trans-generacionalmente, pero en otros (como las tribus urbanas) se relacionan entre pares.

Lo que es posible notar como pauta compartida entre las juventudes son sensibilidades particulares a su condición, sustentadas en vivencias generacionales compartidas. Pero esto no constituye actores ni proyectos políticos, sino mundos de la vida más cercanos y por tanto códigos y lenguajes compartidos. Es común que muchos observadores, *voluntaristamente*, comprendan en estos códigos y cercanías biográficas una condición para su constitución en sujetos políticos. Si bien puede ser una causa, no es una necesaria. El motivo es que ya no se asienta en una condición social una determinación para la participación o el agrupamiento político estipulado desde que las transformaciones que hemos desarrollado en el primer capítulo han reformulado mucho de los patrones sociopolíticos.

Los casos que en el curso de las próximas páginas iremos analizando, sustentados en las entrevistas y análisis del material institucional, así como los que aparecerán citados a medida que las comparaciones sean pertinentes, nos permitirán afirmar que los jóvenes no se presentan en el mundo de lo público estableciendo una diferencia generacional en conflicto. Sino que veremos –a pesar de las distancias entre un caso de participación en una sociedad rural de clanes de Papúa Nueva Guinea y la militancia alter-mundialización de la Asociación por una Tasa a las Transacciones financieras para la Ayuda al Ciudadano (ATTAC)– cómo existen sensibilidades comunes que se traducen en formas de participación –mediadas por las diversas condiciones juveniles– con ciertos patrones comunes.

La primera pregunta que mediará todos los casos será: *¿qué activa políticamente a los jóvenes con más frecuencia?* Como veremos en este capítulo a través de los casos, la respuesta requiere de tres dimensiones de análisis. En una primera dimensión de análisis individual, los jóvenes se activarán con más frecuencia ante causas concretas vinculadas autobiográficamente, a través de las cuales puedan realizarse ambos fines –los sociales y personales– en simultáneo. Lo que se plasmará en cuatro diferentes combinaciones modélicas (las que empíricamente pueden combinarse):

1. Por la realización personal como asistencia a los otros (Beck, 1999: 14) generalmente este tipo adoptará el voluntariado;

2. Por una problemática personal;
3. Por interés profesional;
4. Por el interés de experimentar con su propio cuerpo ideales y principios que sostienen.

Empero, a su vez existe una segunda dimensión de carácter contextual que debe ser considerara, ya que la condición juvenil no es un ente autónomo del entorno y de los clivajes sociopolíticos que definen los conflictos de una sociedad. Es por ello que los jóvenes también se activarán políticamente ante coyunturas críticas donde los sujetos interpreten que se definen de forma radical los fundamentos básicos de la humanidad (o nación) y/o sus modos de vida (presentes y futuros) en el tiempo presente. Esta segunda dimensión de análisis, centrada en las dinámicas sociopolíticas en las que las juventudes se encuentran, será abordada con más detalle en el capítulo siguiente (aunque en el presente será analizada en profundidad en el caso de ATTAC). Veremos, a través de diversos estudios de dinámicas nacionales, cómo los jóvenes manifiestan su activación en la movilización y protesta, así como el modo en que definen los conflictos con los que se identifican.

Por último, existe una dimensión organizacional. Otra de las pautas que caracterizan a las juventudes actuales es su rechazo a participar en la política institucional (partidos, sindicatos, etc.), sin que ello implique oponerse a la participación social y política en general. Por ejemplo, según Mokwena y Dunham (1999: 3) en Estados Unidos 72% de los jóvenes encuestados participan en actividades comunitarias o asociativas. Y como dice la directora de la *German Children and Youth Foundation*:

> Ahí [en Alemania] tenemos una contradicción. […] es cierto que la gente joven cada vez menos está organizada en organizaciones. Está descendiendo el número de miembros en las grandes organizaciones juveniles. En el pasado, estas organizaciones eran vistas como las garantes de la participación juvenil. Pero, más y más, la gente

> joven se va fuera de estas grandes organizaciones y se organiza para
> sí mismo en grupos informales.
> La contradicción es que… si les preguntas, están extremadamente
> listos para tomar alguna responsabilidad e involucrarse, pero no en
> estas viejas estructuras. Sienten muy fuertemente que estas viejas
> estructuras no son más […] buenas estructuras para estar realmente
> involucrado (Heike Kahl, entrevista).

Este dilema o contradicción en el que se encuentran las institu-ciones políticas que durante la matriz clásica estructuraban y definían las identidades políticas y los conflictos societales, lleva a algunos a afirmar que:

> Todos —las elites institucionales no menos que la juventud— pare-
> cen presentir que esta política de abstinencia unánime, practicada
> de forma consecuente, plantea (al menos en el *milieu* europeo de
> democracia inclusiva), tarde o temprano, la cuestión del sistema
> (Beck, 1999: 13).

Aunque es posible que esta situación se presente como un dilema sólo en el contexto de Europa Occidental, en Estados Unidos, Canadá, Australia, Nueva Zelanda y algunos pocos países más. En el contexto del Tercer Mundo (o Sur Global), la abstinencia generalizada preocu-pa menos de lo que tranquiliza a las elites políticas. La abstinencia política (institucional o no) en regiones de fuerte exclusión social, económica, cultural o política, asociada a una regresión estatal, más que cuestionar al sistema, evita que éste eclosione por sobrecarga de demandas.

Al margen de este debate, lo que es una pauta común entre las juventudes del mundo es el rechazo a la política institucional y sus actores clásicos por excelencia, lo que nos lleva a formularnos la siguiente pregunta: *¿por qué los nuevos movimientos sociales resultan más atractivos que los actores clásicos para los jóvenes activos políticamente?* La respuesta parece hallarse en que los movimientos sociales establecen más que ninguna otra forma de acción colectiva una conexión directa con aquellas dimensiones señaladas más arriba.

> Los movimientos son instrumentos que hablan por medio de la
> acción. No es que no hablen palabras, que no usen consignas o
> envíen mensajes. Pero su función como intermediarios entre los
> dilemas del sistema y la vida diaria de la gente se manifiesta en lo
> que hacen: su principal mensaje es el mero hecho de que existen y
> actúan (Melucci, 1996: 7).

Es decir, los movimientos sociales se presentan como aquellos actores que parecen reunir las cualidades que las juventudes activas políticamente encuentran como motor de su activismo: la posibilidad de ver en tiempo presente acción y resultados de la participación política y/o social. Como dice un joven de Kenia al preguntársele cuál es su interés o expectativa cuando participa o se involucra en actividades políticas: "Espero ver los resultados tomar forma…" (Mjomba, entrevista electrónica).

Igualmente, al hablar de movimientos sociales, nos estamos refiriendo a una multiplicidad de actores y por tanto de formas organizativas. Es por eso que en este capítulo abordaremos esta complejidad. Para ello, nos guiarán en el estudio de los casos (así como los motivos que nos llevaron a elegirlos, siendo cada uno representativo de un formato) las siguientes preguntas: *¿cómo participan los jóvenes en cada tipo de organización?, ¿qué patrones comunes pueden extraerse del estudio de cada caso?, ¿existe algún tipo de organización que los atraiga más?, ¿cuál?, ¿por qué?*

Creemos que siendo otras las expectativas sociales y los motivos personales que impulsan a los jóvenes a la participación, deberían ser otras las formas y las posibilidades de participación real que impulsen para dar cause a tales necesidades. Las respuestas a estos interrogantes, así como la ilustración de las afirmaciones antes expuestas, son las que presentaremos empíricamente por medio de diversos casos. Siguiendo una estrategia de comparación multi-sitio de una serie de casos de participación obtenidos por un muestreo dirigido, se buscará extraer conclusiones generales basadas en patrones comunes.

De este manera será posible comprender mejor el modo en que los jóvenes tienden a activarse políticamente, así como las maneras en las que generalmente entienden su participación y la llevan adelante (regular o esporádicamente; en instituciones nuevas o clásicas, locales, comunales o internacionales; en agrupamientos informales y/o por objetivos puntuales o de manera virtual).

2.2. Movimiento social transnacional: ATTAC en Argentina

La Asociación por una Tasa a las Transacciones financieras para la Ayuda al Ciudadano (ATTAC) fue creada en 1998 en Francia. Su origen —muy similar al de Amnistía Internacional— se debe a las amplias reacciones favorables con que Ignacio Ramonet (director de *Le Monde Diplomatique*) recibe la propuesta de crear una organización para gravar las transacciones financieras especulativas, distribuyendo lo recaudado para ayudar a mejorar las vidas de las personas en los países en desarrollo. ATTAC logró en pocos años expandirse a más de treinta países, y constituirse en una de las principales organizaciones en red de los movimientos alter-mundialización. En otras palabras, se constituyó en una *red transnacional de activistas*, es decir, sus vínculos traspasan las fronteras nacionales y son de intercambio de información basado en discursos compartidos, con el fin de intentar insertar nuevos temas por medio de la búsqueda de transformar los términos y naturaleza de los debates (Keck y Sikkink 1998).

Llegó a la Argentina en 1999, a instancias de ATTAC Francia, mediante un grupo de intelectuales argentinos y tres organizaciones: la *Young Men Christian Association* (YMCA) de Argentina, la Federación Judicial Argentina y la Asamblea de Pequeños y Medianos Empresarios (APYME). Según los entrevistados, entre los fundadores no había sujetos plausibles de ser definidos como en condición juvenil (pese a estar la YMCA).

A nivel internacional ATTAC puede ser definida no sólo como una red transnacional de activistas, sino que también es posible entenderla

como una red laxa (sin estructuras formales internacionales) con un
ala moderada (antineoliberal) y otra radical (anticapitalista). Esta red
descentralizada (no existe una oficina internacional) funciona por diversos mecanismos de coordinación (asamblea anual mundial realizada
en corcordancia con los encuentros del Foro Social Mundial y diversas
reuniones de coordinación regional), existiendo una jerarquía no formal de ATTAC Francia (Rossi, 2008). La sede francesa de la organización
generalmente "marca los tiempos" del movimiento a nivel global y es
un punto de referencia ineludible para los otros ATTAC. Igualmente,
como dijimos, la condición de red transnacional de activistas permite
la convivencia de posturas diferentes. En este sentido es muy clara la
diferencia entre la definición del movimiento a nivel global:

> [...] una Red de organizaciones que comparte determinados objeti-
> vos, que se reconoce dentro de la plataforma del denominado mo-
> vimiento internacional ATTAC, adoptada en diciembre de 1998 y
> cuyo lema difundido es "Otro mundo es posible" (Merino, s/f: 6).

Y la forma en que se autodefine en la Argentina:

> [...] un movimiento de educación popular que busca ser un esti-
> mulador democrático de los cambios, empeñado en trabajar en el
> esclarecimiento de las conciencias populares y en crear las condi-
> ciones necesarias para que esos cambios se formulen sobre la base
> de la convicción y del conocimiento de que la política actual no es
> la única posible (Merino, s/f: 6).

A esto se agrega que los mismos entrevistados se ubican como
anticapitalistas, reconociendo que no es la postura mayoritaria en el
movimiento, la que (en Francia como en los otros ATTAC de Latinoamérica, en especial Chile, uno de los más grandes) ubican como
antineoliberal (Rossi, 2008).

A pesar de las particularidades propias de ATTAC Argentina, en el
país adquiere la forma organizativa básica que en el resto del mundo
adopta, inspirada en el formato de Francia. Mientras en el país galo
los adherentes ascienden a unos treinta mil en más de cien ciudades

(Merino, 2001: 29), en Argentina tiene unos cien, en dos ciudades (Buenos Aires y Rosario), de los cuales unos treinta son activos. A pesar de esta importante diferencia cuantitativa, que implica que no existan significativas bases y no funcionen asambleas locales (como sucede en Francia), sí se reproduce el esquema básico (ver Gráfico V).

Cuadro V: Estructura organizativa de ATTAC Argentina

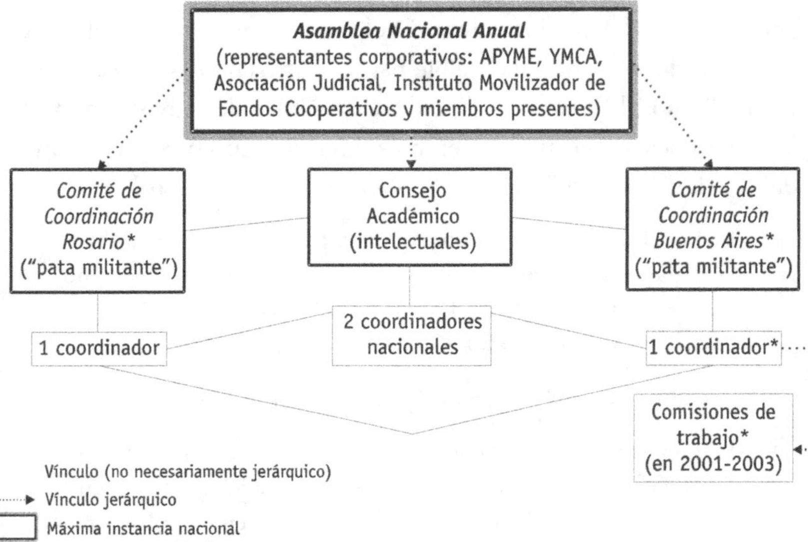

Fuentes: www.attac.org (sede Argentina); entrevistas (noviembre-diciembre 2004).

La asociación en la Argentina, a su vez, es la responsable de la realización en español de la edición electrónica semanal del informativo "El Grano de Arena", distribuyéndolo entre unos 10.000 subscriptores (Merino, s/f: 10).

Los jóvenes en ATTAC

Los jóvenes entrevistados, ex-militantes del movimiento estudiantil (socialistas o independientes de izquierda), se acercaron a ATTAC por medio de alguna actividad a la que fueron invitados. Una de las jóvenes entrevistadas se acercó porque fue convidada por la Central de Trabajadores de la Argentina (CTA) a participar en representación de su agrupación estudiantil en el "Encuentro por un Nuevo Pensamiento". Este encuentro, realizado cuando ATTAC en Argentina aún estaba por crearse, tuvo como invitado a un representante de ATTAC Porto Alegre, quien presentó al movimiento. Ella misma destaca que lo que más le atrajo de ATTAC fue su característica "concreta" o proactiva. Según su relato, ella, como

> Los jóvenes que se acercaron tenían que ver algunos con que veían que era excelente la idea del impuesto. Así como me pasó a mí, muchos veían […] una propuesta concreta. No tanto "bla-bla", no tanto "no a algo, no a lo otro". Sino que había un "sí a esto, queremos esto" (Patricia, entrevista).

Aquí, como hemos dicho en la introducción del capítulo (y veremos en los otros casos) el factor "concreto" o proactivo de las organizaciones es muy importante para atraer a los jóvenes. No interesan las plataformas extensas con consignas sino las propuestas puntuales (un impuesto a las transacciones financieras), con un objetivo claro y mensurable (distribuirlo entre los países más pobres).

Los jóvenes entrevistados, abogados y politóloga, reconocen que la cercanía entre la profesión y los objetivos de ATTAC fue central para sentirse interesados. Por ejemplo, Hernán, quien actualmente está al frente del Comité de Coordinación de Buenos Aires, se acercó a la organización en el año 2002 debido a la ebullición social y política que vivía la Argentina (en diciembre de 2001 había caído el gobierno nacional, y en una semana se sucedieron cuatro presidentes interinos) (Rossi, 2005c). Los factores que favorecieron que se acercaran fueron, en primer lugar, sus conocimientos del derecho internacional y, en segundo, la participación en las redes informales de militantes estudiantiles, así como en las de juristas progresistas (cabe recordar que entre las organizaciones fundadoras se encuentra la Asociación Judicial Argentina). También, este mismo vínculo entre activismo y desarrollo profesional-biográfico, les permitió vincularse ambos a la realización de encuentros, debates públicos y la coordinación en Buenos Aires de ATTAC.

Esto mismo le sucedió a Patricia, quien vivió una vinculación más profunda aún entre activismo y desarrollo profesional-biográfico:

> Lo que sí tuvo que ver mucho conmigo es que yo me enganché mucho con el tema del ALCA [Área de Libre Comercio de las Américas, uno de los temas que luego adoptará ATTAC en Argentina] y empecé yo a especializarme en ALCA. Entonces, académicamente empecé a especializarme en ALCA, a la vez que militaba ALCA. Me sirvió por los dos lados… es como un ida y vuelta (entrevista).

La participación en redes informales de movilización y activismo previas, como son las estudiantiles en estos casos, son sumamente importantes entre los jóvenes para fomentar el vínculo que los irá acercando a distintos movimientos. Es de particular significación, empero, el hecho de que el activismo no se realiza por alguna causa metaprescriptiva (lo que no anula las utopías e ideales), sino que se plasman en proyectos que se vean como propositivos y con resultados con posibilidades (aunque escasos) de ser observables. En relación con este mismo punto, no es ajena a la participación la vinculación con el desarrollo biográfico, en este caso profesional. El activismo no es visto como un sacrificio y abnegación sino como un desarrollo de "ida y vuelta", en el que se enriquece la organización por la participación del sujeto, y éste de lo que recibe de ella.

Los jóvenes y los ciclos de protesta en la Argentina

La participación en ATTAC se mantuvo estable hasta 2001, cuando la crisis que sufrió el gobierno de Fernando De la Rúa lo llevó en diciembre de 2001 a presentar su renuncia, producto de la mayor crisis en el régimen que la Argentina vivió desde el retorno a la democracia en 1983 (Rossi, 2005b). El estallido social de los días 19 y 20 de diciembre llevó a que durante parte de ese mes y enero de 2002 transitaran diversos presidentes interinos peronistas, y la población participara en diversas protestas sociales, muchas de ellas espontáneas (llamadas "cacerolazos") (Rossi, 2005b, 2005c). Este estallido desató un ciclo de creciente movilización social, la que se plasmó en el crecimiento en el número de piquetes y cortes de calles realizados por el movimiento piquetero (compuesto por desocupados y excluidos, existente desde 1996) y, en particular, el surgimiento de dos nuevos movimientos sociales. Por un lado, el de los ahorristas, quienes buscaban que se les restituyera el dinero depositado en los bancos y en la moneda original (dólares) y no en pesos devaluados. Y, por otro lado, el movimiento asambleario, el cual se constituyó como una expresión —en general— de repudio a la declaración del estado de sitio por el gobierno de De la Rúa, en busca de "salvar" la democracia de sus elites, las que parecían incapaces de sortear la crisis. La magnitud del movimiento, al menos en la Ciudad de Buenos Aires, era evidenciada por la cantidad de asambleas que fueron surgiendo en sus diversos barrios y localidades lindantes (llegaron a ser 113 en marzo de 2002, militando en cada una entre 70 y 150 personas) (Rossi, 2005a, 2005b, 2005c).

Este era un escenario crítico, donde gran parte de la población (en especial las clases medias urbanas) sentían que en la Argentina se debían redefinir en forma radical y presente los patrones de funcionamiento político (corrupción) y económico (neoliberalismo) que habían caracterizado a la década (1991-2001). Esta coyuntura es la que impulsó que muchos jóvenes se activaran, participando en asambleas o acercándose a los diversos movimientos preexistentes. Esta irrupción de jóvenes (y adultos) la vivió ATTAC, y nos cuenta una militante:

> […] hay como ciclos, donde no tenés ni un joven, o épocas donde éramos como el 80% jóvenes… tiene que ver con el momento de participación política también que vive la Argentina, porque [la juventud] no es una isla" (Patricia, entrevista).

Según los diversos relatos, los jóvenes que se acercaron provenían mayormente de agrupaciones estudiantiles universitarias y estudiaban carreras con cierta afinidad a las temáticas (derecho, relaciones internacionales, economía, ciencia política). A pesar de esto, y excepto por un caso que llegó por recomendación de un pariente que participa en ATTAC Francia, se acercaron debido a que "se enteraron por Internet" (Hernán, entrevista). Esta forma de acercamiento a una institución (junto con las redes estudiantiles y la familia) es —lo veremos en el resto del capítulo— una de las tres por medio como los jóvenes se contactan con mayor frecuencia con los movimientos sociales.

En este período de gran movilización social, los jóvenes que participaron en ATTAC se abocaron principalmente al trabajo en el Comité de Coordinación (la "pata militante", según los entrevistados, ver Cuadro V). Este comité, a instancias de los jóvenes, creó la Comisión de Movilización, la que buscaba "mantener a ATTAC en la calle con la gente" (Hernán, entrevista). Aquí, como en otros casos que iremos explorando, veremos como entre los jóvenes prima el deseo de participar en actividades con impacto.

Una vez reequilibrado el sistema con las elecciones presidenciales de abril de 2003, los jóvenes fueron dejando de participar. A pesar de que las dinámicas políticas nacionales son centrales para comprender por qué se desmovilizaron, es importante también considerar algunas circunstancias internas a la asociación. Los jóvenes entrevistados reconocen que también insidieron mucho en el alejamiento de la mayoría de los jóvenes dos factores:

1. Que se acercaron para trabajar por algo muy puntual (la Tasa Tobin) y no aceptaron que la organización se comenzara a ocupar prioritariamente de otros temas (integración regional, ALCA); y

2. Que algunas personas con varios años de experiencia política tuvieran actitudes que resultaban poco claras y *verticalistas*.

Esto, en combinación con los ciclos de protesta y movilización, hizo que dejaran de participar en el trabajo diario de la organización, aunque continuaran yendo a actividades puntuales. Como dice Patricia: "Sos de la causa, pero no participás de ninguna actividad concreta" (entrevista). Es decir, no dejaron de sentirse parte de ATTAC sino que simplemente se alejaron del círculo "duro" o de "militantes" de la organización, para pasar a formar parte del círculo de "vinculados" o "simpatizantes". Los mantiene unidos el ser parte de una suerte de comunidad moral, definida por Hernán por el hecho de que "nos conecta que la globalización nos afecta a todos y todas" (entrevista), pero algunos se activan en momentos particulares.

El siguiente Cuadro VI nos permite observar un esquema más complejo de la participación en organizaciones del que mayormente se utiliza (basado —en general— en considerar que sólo se participa si se lo hace rutinariamente). Con este nuevo esquema podemos encontrar diversos tipos y alcances, todos necesarios para un movimiento. El mismo será de utilidad en el análisis que haremos de otros casos, incluso —a la inversa de aquí— para observar cómo diversos jóvenes llegan a participar en el círculo "duro".

Cuadro VI: Círculos concéntricos de la participación en una organización político-social

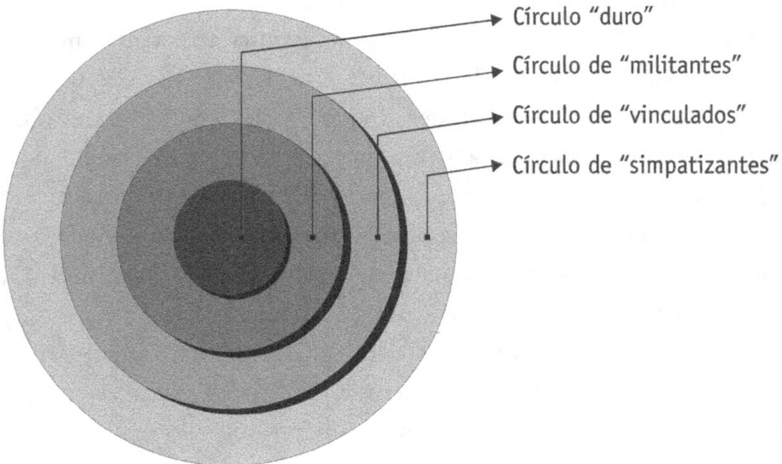

Referencias:

Círculo "duro": los militantes permanentes y los que forman parte del personal administrativo (rentado o no) que sostiene a la organización diariamente.

Círculo de "militantes": los que están en las actividades de movilización o donde hace falta más gente, a veces participan en las actividades diarias, pero no son los cimientos de la organización en su día a día. Son el círculo de los que se movilizan incondicionalmente.

Círculo de "vinculados": los que están si se los convoca para actividades puntuales y por tiempo determinado. Se consideran miembros de la organización. En los casos en que hay aportes dinerarios, pagan.

Círculo de "simpatizantes": los que están conectados y adhieren a la causa, pagan los aportes (si los hay) y reciben el material que la organización elabora. No se movilizan nunca.

Participación de diversos tipos y alcances

El hecho de que estos jóvenes se hayan alejado del círculo "duro" de ATTAC no implicó que se alejaran de la organización, de sus principios o del activismo. Esto se vio plasmado cuando ATTAC decidió, en 2003, dar centralidad en sus actividades diarias a temas más cercanos a la realidad local por el bajo impacto que el tema de la Tasa Tobin tenía en la agenda Argentina. Es por ello que –junto con otras ciento cincuenta organizaciones sociales y políticas– participaron en la realización de las "Primeras Jornadas de Consulta Popular sobre el ALCA, la Deuda Externa y la Militarización". Dos días en los cuales fueron organizadas 5896 mesas de votación en todo el país con el objeto de preguntar a la sociedad si estaban de acuerdo con tres grandes temas. Las preguntas de la consulta fueron: 1. ¿Está de acuerdo con que la Argentina ingrese al Área de Libre Comercio de las Américas (ALCA)?; 2. ¿Está de acuerdo con que la Argentina siga pagando la deuda externa?; y 3. ¿Está de acuerdo con que la Argentina autorice el ingreso al territorio nacional de militares de Estados Unidos para bases o ejercicios conjuntos? La consulta fue un éxito, votando 2.552.358 personas, y con un resultado del *No* muy alto para las tres preguntas (primera 96%, segunda 88% y tercera 97% según 96,66% de las mesas escrutadas) (Bidaseca y Rossi, 2008).

Aunque muchos jóvenes se habían apartado volvieron a la organización, "porque era algo puntual" (Hernán, entrevista). Es decir, la consulta popular presentaba un objetivo concreto, mensurable en sus resultados, y la participación sería verdaderamente valorada. Como dice Patricia,

> Es como una causa común para organizar algo en concreto, que era la Consulta y donde se necesitaban todas las manos. Y en ese momento reflotó un montón de gente que hace un año que no veía. Pero que apareció para militar por la Consulta (entrevista).

Aunque la mayoría no volvió a participar una vez terminada la consulta, se siguen considerando parte de ATTAC y son activistas vinculados mayormente por la Internet (mandan correos electrónicos, documentos, debaten en los grupos virtuales de discusión) pero no van a las reuniones del Comité de Coordinación. Están "vinculados", y si los necesitan –como mostraron– seguramente estarán para ayudar.

Este ejemplo nos muestra, además de que la participación debe ser considerada en diversos tipos y alcances, que los jóvenes no consideran su activismo como un deber sino que como un compromiso provisional, en el que la "fidelidad" es más bien a la "causa" que a las organizaciones. Es decir, el individuo y el desarrollo de su biografía (como activista y en su vida en general) tiene preeminencia sobre la lealtad "ciega" a una organización. Debido a las profundas transformaciones de las que ya dimos cuenta en el primer capítulo, la singularidad de su individualidad jamás será anulada en pro del colectivo. Sólo se sostendrá la participación diaria si en ésta, como en los casos de Patricia y Hernán, existe simultáneamente un enriquecimiento personal (en estos casos profesional) y la sensación de aportar algo a la organización o la "causa". En otras palabras, si la participación es parte del realizarse autobiográficamente.

2.3. Movimiento social local: Amigos de Talas (Finlandia)

El grupo ambientalista "Amigos de Talas", de Finlandia, se constituyó con el fin de conservar un viejo bosque en el área central de su país, llamadas *Talaskangas* y *Sopenmäki* (Järvikoski, 1995: 6). Este objetivo que les dio sentido fue mayormente logrado (Järvikoski, 1995: 7). El grupo, a diferencia de ATTAC, es un movimiento local, pequeño e informal. Al igual que en el caso anterior es un colectivo integrado por adultos y jóvenes.

Los jóvenes que se acercaron a este grupo lo hicieron por una concepción del problema como global:

> Todos los activistas consultados presentaban a la explotación de la naturaleza como un severo problema global. Expresaban que los bosques de Finlandia también se encontraban bajo una severa explotación, siendo Talaskangas sólo un ejemplo de esto (Järvikoski, 1995: 7).

Sin embargo, como dice el autor en la cita, vinculan este grave riesgo global (es decir, insertan la coyuntura crítica donde creen que se define el estado presente y futuro del planeta) con una realidad local que experimentan: el riesgo de la tala de los bosques del centro de su país (muchos movimientos expresan este principio como "visión global, acción local").

En el momento en que Järvikoski realizó el estudio, el movimiento estaba compuesto principalmente por estudiantes de biología, geografía y artes, todos residentes en Helsinki, pero originarios de áreas rurales. Este grupo representa alrededor de la mitad de los miembros activos (unos cincuenta), los cuales se integran en un colectivo más amplio de quinientos miembros o "simpatizantes" (Järvikoski, 1995: 7). En este movimiento, al igual que en ATTAC, las redes estudiantiles (como principal espacio de socialización para muchos jóvenes) actúan como institución de reclutamiento. Con todo, el autor también registra entre los miembros del movimiento que la transmisión familiar del activismo es un factor muy importante (Järvikoski, 1995: 7, n. 3). La importancia que tiene la transmisión familiar de la participación política es reconocida por estudios sobre voluntariado (Wilson, 2000: 218) y sobre el activismo en grupos autonomistas de Estados Unidos (Aaron, 2004). En este último trabajo, incluso se afirma que "Esto significa que muy lejos de rebelarse contra sus padres, los estudiantes activistas son el producto de la transmisión generacional de actitudes políticas" (Aaron, 2004: 9).

La pregunta que resulta interesante formularse aquí es: si el riesgo de la destrucción ecológica es global, ¿por qué la activación de estos jóvenes es local? Aunque riesgos globales o coyunturas críticas como la destrucción ecológica puedan ser la causa macro de la activación, la lucha por un bosque en particular puede radicar en que ven necesario cambiar algo en el presente y en Finlandia, ya que atañe directamente a su individual existencia hoy y en el futuro. Es decir, se prioriza la acción en pos de transformar un espacio de la vida cotidiana (o más cercano al sujeto), se da prevalencia a las luchas "inmediatas" (Serna, 1998: 47). A pesar de ser cierto, esto no alcanza como factor explicativo. Que estos jóvenes en particular hayan sido los que se activaron también está vinculado a sus biografías y perspectivas futuras. Todos ellos comparten el hecho de provenir de áreas rurales, en familias donde recibieron una educación basada en el amor y respeto a la naturaleza (Järvikoski, 1995: 7, n. 3). Además, excepto por los estudiantes de arte, todos comparten un interés profesional en temas vinculados a la naturaleza (el autor encuentra diversas explicaciones sobre la importancia de la naturaleza, dependiendo de si estudian biología o arte). En el caso de los Amigos de Talas, como en ATTAC, la vinculación entre el desarrollo biográfico-profesional y el de activista es muy importante y debe ser considerado. Este mismo nexo lo hemos hallado en las respuestas de los jóvenes a las entrevistas realizadas. Por ejemplo, una joven del Líbano nos dice sobre su militancia por la paz en Medio Oriente cuando se le pregunta qué herramientas son las que más frecuentemente utiliza para llevar adelante su participación política:

> Yo intento ser miembro de diferentes organizaciones y ONG, participar y organizar diversas reuniones, conferencias, debates y eventos prácticos, especialmente porque mi trabajo (abogada y profesora de leyes en la universidad) (…) me ayudan mucho a llevar adelante estas actividades (Zeina, entrevista electrónica).

Incluso, en el caso de los Amigos de Talas podemos ver como aquellos jóvenes que estudian biología o carreras vinculadas a las ciencias naturales fueron los únicos que sostuvieron su involucramiento en el movimiento a pesar del paso del tiempo. Incluso a pesar de que la organización creció y fue burocratizándose (Järvikoski, 1995: 8). Esto último nos permite agregar que la relación con el desarrollo biográfico-profesional, además de ser importante en el interés por el tipo de activismo que se desarrolle, puede ser determinante en la permanencia en la organización a través del tiempo (si, como ya dijimos, se realiza la persona y la "causa"/ organización simultánea y bidireccionalmente). Esto mismo lo veremos en muchos de los otros casos.

2.4. Movimiento comunitario: la Comunidad Klampun en Papúa Nueva Guinea

Patrick es un joven que integra la tribu Sulka, comunidad rural de clanes que vive de la agricultura de subsistencia en la provincia de *East New Britain*, Papúa Nueva Guinea. La zona donde habita la tribu Sulka es muy rica en recursos naturales, lo que la llevó a sufrir la deforestación de 40% de su selva tropical. Esto, junto con la falta de perspectivas de futuro para los jóvenes, llevó a que muchos de ellos migraran a la ciudad en busca de oportunidades. Esto mismo es lo que él hizo a los diecinueve años, en su intento por ingresar a la Universidad. Al no lograrlo, vio su vida perder sentido, hundiéndose en el alcohol.

Al tiempo de transitar una vida errática, su hermana mayor, quien trabaja en una ONG local (llamada *East New Britain Sosel Ekson Komiti* [ENBSEK]), le presenta una experiencia que le cambiará la vida. Como él mismo dice:

> Fue por medio de mi hermana mayor que trabaja en ENSBEK que fui elegido para participar en un viaje educativo al campo. Visitamos proyectos comunales llevados adelante por las comunidades locales. Estas comunidades estaban bien organizadas y tenían capacidad de hacer mucho en la promoción de actividades autosustentables. No necesitaban de dinero para empezar tales proyectos sino sólo simples materiales locales. Sus vidas dependían de recursos basados [en el trabajo] de la comunidad. No tenían que ir al pueblo a buscar trabajo o dinero. Había mucho para hacer en casa. La gente vivía en abundancia, tenía suficiente comida para alimentarse y era conciente de la importancia de su medio ambiente (entrevista electrónica).

Esta experiencia que observa en la Comunidad Tiemtop era el primer proyecto de generación de un Área de Conservación Natural que llevó adelante la ONG ENBSEK en cooperación con la tribu de la zona (los Mengen, unas cien personas, organizadas en cinco clanes). ENBSEK es una organización que busca conservar los recursos naturales y recuperar la tradicional forma de subsistencia de sus habitantes originales, en armonía con el medio ambiente natural.

Esta experiencia que Patrick observa e intenta replicar en su propia comunidad es simultáneamente social y política. Constituye una forma de recuperar la tradición de su cultura que, según él, fue perdiéndose desde la llegada del hombre occidental a la isla. En esta tradición, la armonía con la naturaleza y la subsistencia de ella eran consideradas centrales. Y, a la vez, es la lucha de una comunidad por salvar el resto de selva que aún queda virgen. Para ello, luego de haber luchado contra el Estado y las corporaciones para frenar su explotación, la comunidad establece, en cooperación técnica con ENBSEK, la autogestión del área natural de un modo considerado como tradicional en su respeto a la cultural local y sustentable al no degradar el entorno natural en el que habita la comunidad. De esta manera luchan por la aplicación de las Actas de Conservación de Áreas Naturales de Papúa Nueva Guinea (1978), las cuales, según afirman, pocas veces son cumplidas. Un esquema de la organización comunal para la conservación de ambas áreas puede observarse en el Cuadro VII.

Cuadro VII: Organización comunal para la conservación de la selva tropical en Papúa Nueva Guinea (Comunidades Klampun y Tiemtop)

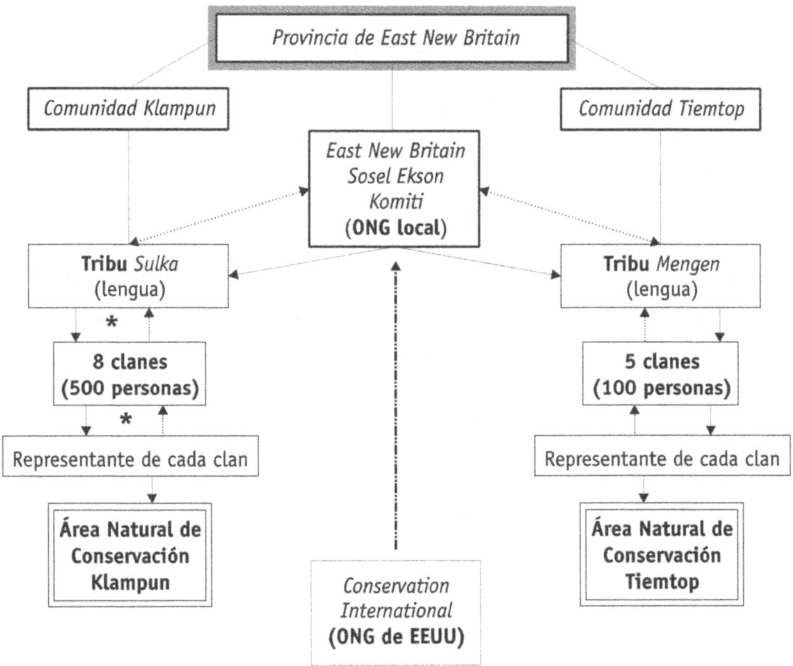

Fuentes: Kinkade (2003: 13), entrevistas (electrónica y personal, octubre 2003), material elaborado por la Comunidad Klampun (2003).

Es esta experiencia que observó la que impactó en su vida, dándole un nuevo significado, sintiéndose útil y con un rol en su comunidad.

> Esto fue un punto de quiebre para mí, fui desafiado, necesitaba ayudar a mi comunidad a ayudarse a sí misma. Pronto noté que tenía que jugar un gran rol en mi comunidad (entrevista electrónica).

El caso de Patrick, a pesar de sus particularidades, es un ejemplo de la importancia que tiene para el involucramiento político el sufrir una experiencia personal donde se "despierten" intereses que den un nuevo sentido a la vida. Como dice una experta en juventud del *Millennium Institute for Children with Special Needs* de Sri Lanka:

> Yo creo que la gente joven que da el paso de involucrarse o hacerse activa política o socialmente, generalmente lo hace producto de una experiencia personal que le ha obligado a intensificar su conciencia sobre temas sociales, políticos. Cuando hablo con jóvenes activistas sobre su activismo, el hilo conductor común es esta experiencia de "despertar". Las experiencias en sí mismas son muy diferentes, algunos tuvieron maestros o parientes que los han impulsado, otros han viajado y se han hecho concientes de las inequidades de nuestro mundo, otros han visto o experimentado el sufrimiento o discriminación muy cerca de su hogar (Jane H., entrevista electrónica).

Este "despertar" fue vivido por Patrick al ver la experiencia que la Comunidad Tiemtop llevaba adelante. Aquí, como en el caso de los Amigos de Talas, y como dice la experta en la cita, la familia es muy importante para favorecer la activación del joven. Patrick nota que el participar en su comunidad y ayudarla a reproducir lo que vio, así como salvar al bosque dónde viven, es muy importante no sólo porque así ayudará a su comunidad, sino que continuará la tradición que su familia históricamente desarrolló (la agricultura de subsistencia). También él observa —como los jóvenes estudiantes de Helsinki— que la salvación del medio ambiente es algo que debe hacerse ahora, porque en ello está en juego el presente y futuro de sus vidas. En sus palabras: "Habiendo visto la escena de lo que nos quedará a nosotros para el mañana, no voy a cerrar ni un ojo a aquel tema que está comiéndose a la fábrica de mi sociedad..." (entrevista electrónica).

De todas maneras, éste objetivo macrosocial, inserto en los conflictos de su comunidad y del mundo entero, no es ajeno a la motivación biográfica por la que desea llevar adelante esta transformación en su comunidad:

> Este proyecto debería permitirnos crear un ambiente donde las necesidades de la gente, voluntades y deseos sean completamente satisfechos por medio de sus propios esfuerzos, así nuestra comunidad es más atractiva que ir a buscar un trabajo y favorecer la vida urbana (entrevista electrónica).

Debemos recordar aquí su propia historia de vida, cuando él mismo migró a la ciudad "favoreciendo la vida urbana" y padeciendo las frustraciones típicas del migrante rural: alienación, desolación y exclusión. La marginalidad a la que llegó y de la que logró recuperarse también definió su lucha por preservar un modo de vida que ha revalorizado, así como su búsqueda por evitar que otros jóvenes vivan lo mismo que él.

Las particularidades del ámbito de relaciones en la que aplica esta búsqueda (rural y de clanes) determinarán el modo en que se lleve adelante "[...] el involucramiento de la comunidad [...] trabajando para promover la campaña ambiental por la protección de sus recursos naturales" (folleto "Klampun Wildlifie Management Area", 2003: 2). Es por ello que él —luego de un arduo trabajo para ser reconocido como un joven que no sólo debe oír a sus mayores sino que también puede hablar— se insertará como un facilitador y promotor de los debates entre los representantes de los clanes. De este modo logrará organizar comunalmente a la tribu para defender y administrar las 5200 hectáreas que lograron salvar de la deforestación.

Al preguntársele sobre cómo lleva adelante esta facilitación, nos comenta que por medio de los representantes de los clanes (y en algunos casos por asambleas de toda la tribu) busca resolver los conflictos realizando debates y dramatizaciones, acortando distancias y uniendo más a la comunidad en el proyecto colectivo. Para ello, incluso han construido con cañas y troncos de árboles de la zona una sala de reuniones, donde los representantes de los clanes se encuentran para debatir. En otras palabras, la comunidad toda se encuentra involucrada para sí misma como un todo (por medio de los representantes de los clanes o en asamblea general) en la defensa y recuperación de su cultura y el entorno donde habitan (por el esquema de vínculos y relaciones básicas entre los actores, ver el Cuadro VII).

El caso de la Comunidad Klampun, y la experiencia personal de Patrick, nos permiten nuevamente observar la importancia de la vinculación existente entre una consideración de una problemática macrosocial y la propia biografía. En este caso –como en el de Patricia, de ATTAC– el activismo se ve vinculado al descubrimiento profesional: "Yo personalmente estoy deseando ser un maestro profesional, lo que me implicaría ser reconocido [por la comunidad] y usar esto para ayudar a las comunidades a ayudarse a sí mismas..." (Patrick, entrevista electrónica).

Otra lección que este caso nos aporta es la importancia que tienen experiencias de quiebre personal o acercamiento y entendimiento (aquí favorecidas por un vínculo familiar), impulsando al activismo en Papúa Nueva Guinea, como en otros casos que veremos más adelante.

Por último, vemos aquí al igual que en los casos de ATTAC y Amigos de Talas, como la condición juvenil no estructura la participación de los jóvenes, sino como estos se ven inmersos lo más posible en la misma telaraña institucional y social de la que desean formar parte. Y cómo, para ello, no buscan ser reconocidos como jóvenes sino como activistas, facilitadores, etc. Por medio de la siguiente cita, Patrick sintetiza la percepción más generalizada entre los jóvenes sobre su condición:

> No permaneceré como joven por siempre. Debo prepararme para entrar en otra etapa de la vida. Tengo que considerar mi rol de liderazgo como joven a fin de favorecer un desarrollo de mi habilidad [para ayudar a la comunidad], el cual determinará mi figura en el futuro (entrevista electrónica).

En otras palabras, la condición juvenil es transitoria y la participación juvenil no es un fin en sí mismo sino un medio para algo mayor, así como un rol social que el sujeto ocupa en las relaciones sociohistóricas en las que se encuentra inmerso. Resultados muy similares, por ejemplo, se han obtenido en una encuesta realizada en Filipinas en el año 1996 con jóvenes de entre quince y veinticuatro años que participaban de un campamento juvenil en la ciudad de Bangio (International Youth Foundation Report Meeting, 1996: 105).

2.5. Movimiento social transnacional y *e-activismo*: Amnistía Internacional

Amnistía Internacional fue creada en 1961 en Gran Bretaña por el periodista y abogado Peter Benenson. Su origen –asombrosamente similar al de ATTAC– fue producto de las reacciones que obtuvo un artículo por él escrito sobre dos estudiantes encarcelados en Portugal. Actualmente, Amnistía Internacional es una de las más importante entidades mundial por los derechos humanos y una de las organizaciones más grandes del planeta, con alrededor de un millón de miembros y adherentes en 140 países.

En las décadas de 1970 y 1980 fue la organización social más relevante en la lucha y defensa por el respeto de los derechos civiles y políticos de los disidentes en todo el mundo, y en la oposición a las torturas, encarcelamientos ilegales, asesinatos y persecuciones que las dictaduras y totalitarismos llevaban adelante. Luego de estos años de gran movilización mundial, en la década de 1990 (una vez finalizada la democratización de América Latina y África y disueltos los regímenes totalitarios en Europa del Este y los países que componían la Unión Soviética), la organización se focalizó en la lucha contra la pena de muerte, el respeto por los derechos de los refugiados y la permanente defensa de los llamados "presos de conciencia". Las transformaciones del mundo afectaron muy fuertemente a Amnistía Internacional, obligándola a revisar algunos de sus parámetros básicos. Por ejemplo, hace pocos años, se incluyó la posibilidad de trabajar por el cumplimiento de los derechos económicos y sociales, pero aún no ha podido ser articulado en la práctica. Otro de los importantes cambios es la autorización a trabajar en cada oficina nacional por causas que sucedan en el propio país. Antes, a fin de garantizar la independencia y objetividad de la organización con respecto a la política nacional esto estaba prohibido, funcionando por un principio de solidaridad internacional.

En el marco de estos profundos cambios que la organización impulsa desde la segunda mitad de la década de 1990, según algunos, también se busca reformular la militancia en la organización.

El caso de Amnistía Internacional en Argentina se remonta a las décadas de 1970 y 1980 y su lucha contra las violaciones a los derechos humanos por el régimen militar imperante en el país. Amnistía, junto con organizaciones como Abuelas de Plaza de Mayo, Madres de Plaza de Mayo y la organización Servicio de Paz y Justicia (SERPAJ) fue parte de quienes marcaron el ritmo de la movilización social en la Argentina durante el fin del régimen militar y el proceso de democratización (1983 en adelante).

Años más tarde, sin embargo, la sede argentina del movimiento comienza a sufrir una grave crisis interna producto de diferencias entre sus miembros, generando que la oficina central en Gran Bretaña decidiera intervenir la sede local en 2003, reestructurándola íntegramente.

En el momento de realizar el estudio de esta experiencia, luego de casi dos años de iniciada la reestructuración, Amnistía Internacional de Argentina presentaba un esquema organizativo fuertemente ejecutivo, pero preservando la organización de sus grupos locales o por afinidad y sus márgenes de relativa autonomía (Cuadro VIII). En el cuadro podemos ver que los jóvenes participan mayormente en los grupos informales, y –a diferencia de en ATTAC– no ocupan posiciones en donde sean tomadas las decisiones de la organización (aunque informalmente un grupo de ellos estén vinculados con la presidencia).

Cuadro VIII: Estructura organizativa* - Amnistía Internacional en Argentina

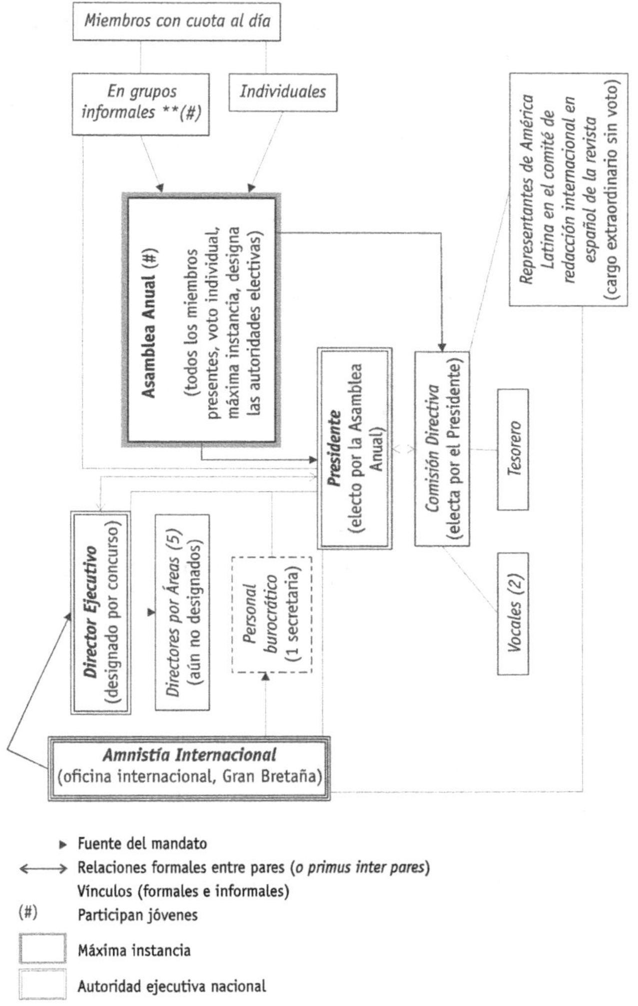

* No es reflejo de lo que expresa el estatuto (en proceso de revisión al momento de la investigación).

** Son siete grupos, tres más antiguos y numerosos (La Plata, Tucumán y *Voluntópolis*) y cuatro nuevos (Psicología - Universidad de Buenos Aires [UBA], Ciclo Básico Común - UBA, Derecho - UBA [compuesto sólo por mujeres] y Universidad del Salvador).

Fuentes: entrevistas (diciembre de 2004 - enero de 2005).

Los jóvenes en Amnistía Internacional

A pesar de no haber jóvenes en las posiciones directivas de la organización, en Amnistía Internacional de Argentina hay muchos más jóvenes que en ATTAC, siendo unos doscientos cincuenta los "simpatizantes" existiendo entre ellos unos setenta "militantes", algunos incluso parte del círculo "duro" (ver Cuadro VI por definiciones). Casi la totalidad de los miembros activos (o parte del círculo de "militantes") están organizados en siete grupos informales, tres de los cuales tienen una existencia previa a la crisis y reestructuración que sufrió la organización. En los tres más antiguos (La Plata, "Voluntópolis" y Tucumán), los dos primeros están vinculados a universidades (de La Plata y de Buenos Aires, respectivamente), participando en ellos jóvenes estudiantes o recién graduados. Por ejemplo, en el grupo "Voluntópolis", los miembros son personas de entre veinticuatro y veintiseis años, estudiantes o recién egresados de carreras sociales (ciencia política y sociología) o de humanidades (filosofía), todos de la misma universidad. Por su parte, el grupo Tucumán, es el más heterogéneo (y el único del interior del país), donde participan jóvenes y adultos con interés en la temática, pero sin relación con las universidades.

Entre los nuevos grupos, que son cuatro, tres de ellos están vinculados a diferentes facultades de la Universidad de Buenos Aires (Psicología, Derecho y el Ciclo Básico Común). El cuarto grupo, aunque vinculado a una universidad, lo está con una privada y católica (Universidad del Salvador), donde los jóvenes son mayormente de ciencia política y relaciones internacionales. Todos los grupos, excepto el de Derecho, están compuestos por varones y mujeres. El grupo de Derecho, aunque no se considera "feminista" o "de género", está integrado únicamente por mujeres.

Todos los grupos son informales y autogestivos, desarrollando campañas para las que reciben instrucciones de la comisión directiva o el director ejecutivo. Todas estas campañas provienen de la sede internacional. Paralelamente, los grupos desarrollan actividades locales como debates y conferencias en las universidades y la preparación de las Acciones Urgentes (cartas enviadas a las autoridades estatales del mundo a fin de abogar por la libertad y el respeto de las personas afectadas en sus derechos). Igualmente, este último punto está teniendo cada vez menos adeptos entre los miembros.

El grupo de la Universidad del Salvador, a diferencia de todos los demás, participa colaborando con el director ejecutivo en las tareas de gestión y de rutina diaria, no involucrándose en las decisiones de la organización o en el activismo. Apoyan la "causa" ofreciendo tiempo de trabajo gratuito a cambio de experiencia. Nicolás, miembro del grupo Voluntópolis, y quién se considera un joven más cercano a lo que entiende como la "militancia clásica" (definida por él como autogestiva, horizontal y "rebelde"), comenta críticamente sobre la forma de participación del grupo de la Universidad del Salvador (aunque reconoce que sus integrantes hace poco que participan, y que tal vez con el tiempo vayan interesándose más en implicarse):

> Ellos son chicos buenos que quieren ayudar. Pero no piensan que ellos deban tomar decisiones respecto de qué se debe hacer. Ellos son como pasantes. Viven su experiencia como la de personas que van en camino hacia algún lado, y están acumulando conocimiento o alguna experiencia especial. Están donando su trabajo para una organización en cuyo manejo no tienen mucha injerencia… y por el momento no parecen querer tener (entrevista).

En el caso de los jóvenes de la Universidad del Salvador vemos otra forma posible de participación. El voluntariado en actividades diarias de la organización es una tarea rutinaria y tediosa para muchos. No obstante, es imprescindible en toda organización (más, como es el caso aquí, cuando no se dispone de recursos para contratar personal administrativo). Es una forma de participación que podría ubicarse en el círculo de "vinculados", ya que estos jóvenes están aquí y ahora haciendo esto, pero no buscan —al menos aún— internarse en la complejidad de la organización política de Amnistía Internacional. Lo que observamos igualmente en este grupo es que aquellos que se acercan tienen interés en desarrollarse biográfica-profesionalmente (adquirir experiencia) en una "causa" y organización en la que parecen confiar. Es muy probable que muchos de ellos simplemente vuelvan a sus vidas diarias con esta experiencia, pero otros seguirán, como dice Patricia de ATTAC, "boyando entre organizaciones" o se involucrarán más en ésta (entrevista).

El resto de los grupos parecen, en cambio, más interesados en ser parte de las decisiones de la organización. Tanto es así que la presidencia actual es ejercida por una persona cuya militancia se desarrolló en el marco del grupo de la ciudad de La Plata.

Nicolás, quien proviene de la militancia estudiantil en su facultad (independiente progresista), aunque no busca desarrollarse profesionalmente en la militancia en derechos humanos, es un reciente licenciado en filosofía especializándose en ética y los fundamentos filosóficos de los derechos humanos. En el caso de Nicolás advertimos otra de las fuentes de la activación de los jóvenes, el interés por experimentar con su propio cuerpo ideales y principios que se sostienen. Para ello, por medio de una amiga miembro de una organización política, conoció a Amnistía Internacional y se involucró en el grupo Voluntópolis. Se implicó mucho en las campañas de Acciones Urgentes (*raison d'être* y corazón del movimiento), y luego de un tiempo de preparar cartas y nunca recibir respuestas o saber sobre el destino de esas personas a las que deseaba ayudar, se frustró y dejó de escribirlas. Como él mismo explica:

> [...] fuimos [en el grupo Voluntópolis] dejando de hacer cosas como las Acciones Urgentes, porque nos aburría y justamente porque no veíamos el impacto. Era como tirar una botella al mar con una carta que decía: "todos tenemos derechos, que se respeten", y esperar que alguien la encontrara y viniera e hiciera cumplir los derechos (entrevista).

Lo que Nicolás vivió con las Acciones Urgentes es uno de los motivos principales por los que muchos jóvenes se van alejando de ciertas organizaciones: el "aburrimiento" que genera la falta de resultados observables en las acciones en las que se involucran. Esto mismo se obtuvo como resultado de encuestas realizadas en Alemania, donde los jóvenes reconocían que la participación debe dar "placer", es decir, el placer de vivenciar la propia efectividad del actuar (Bendit, 2000: 52; en Estados Unidos los resultados son similares, ver Wilkinson, 1999: 124-125). El placer o diversión del participar no radica en que —como muchas veces se afirma— los jóvenes deseen que su participación sea lúdica o casi carnavalesca. Sino que —una vez desarticulados los meta-relatos que aseguraban una victoria aunque todo indicara lo contrario— el placer y la diversión de la participación se encuentranen el hecho de que el sujeto vea acción propositiva con resultados verificables para saber que su experiencia vale la pena. Ya no ata a ningún joven la obligatoria abnegación del militante clásico; la *fe* en la "causa" no es más que el disparador, la permanencia se sostiene en los resultados. Esto, incluso, puede significar (como ya vimos en ATTAC y tal vez suceda con el grupo de jóvenes de la Universidad del Salvador) que no se pierda la *fe*, sino que se cambie de *canal*, buscando otras organizaciones o constituyéndose en grupos informales. En otras palabras, aunque los motivos por los que participan tanto Nicolás como los jóvenes de la Universidad del Salvador pueden ser diversos (la búsqueda de experiencia profesional *versus* el deseo de plasmar principios e ideales en la práctica), ambos comparten el deseo de ver resultados en lo que hagan. Buscan el enriquecimiento personal y el aporte hacia Amnistía Internacional y el respeto internacional por los derechos humanos.

Activismo por los derechos humanos mediante la Internet

La Internet es un instrumento que ha cambiado en muchos casos la forma de participación política (no sólo, pero principalmente) de los jóvenes. Muchos jóvenes se expresan por este medio a través de campañas puntuales (como *Stop Torture*, de Amnistía Internacional, basada casi íntegramente en el portal *www.stoptorture.org*) o por medio de instituciones que se constituyen como redes o nodos de comunicación y articulación virtual (como institución en el ámbito juvenil la más importante es *www.takingitglobal.org*, pero existen muchas otras generales o por rubros diversos, como en la comunicación alternativa: *www.indymedia.org*). También, la conexión en redes de correo electrónico han afectado las comunicaciones y favorecido —al menos— un conocimiento más extendido de experiencias distantes (*www.yahoogroups.com*, aunque comercial, y no especializada en redes de activismo, es la más utilizada). Como parte de la "generación 2.0", han también comenzado a surgir lógicas de participación diversa como las que permiten las redes de *www.facebook.com*, *www.myspace.com* y *www.twitter.com*.

Lejos de ser una panacea que ha eliminado las distancias, la Internet (como instrumento comunicativo y tecnológico) se inserta en la realidad preexistente, reproduciendo su inequidades. Si consideramos que actualmente sólo entre 2 y 3% de la población mundial tiene conexión a la Internet (Larson, 2002: 19), y que de esta fracción 34,5% se encuentra en Estados Unidos y Canadá, 31,9% en Europa y 29,3% en el Sudeste Asiático y Australia (elaborado en base a DESA: 2004, 318), vemos como más que acercar distancias, extrema polos. Por un lado, aquellos que viven las transformaciones de este mundo como autonomía y realización reflexiva de la propia individualidad, y por el otro, aquellos que viven estos cambios como fragilización y caída social. Esto es más que evidente por el hecho de que en toda África hay apenas 6 millones de usuarios, 50% de los cuáles habita en Sudáfrica (frente a 200 millones sólo en Estados Unidos y Canadá) (DESA: 2004, 318).

Otro dato que debe considerarse es que mientras en el mundo existen entre unas tres mil y cuatro mil lenguas, 80% de las páginas de la Internet están en inglés (DESA: 2004, 317). Así, a parte de la exclusión tecnológica, se agrega una idiomática.

Considerando estas salvedades, que deben ser reconocidas para hablar del verdadero impacto que tiene la Internet en el activismo entre los jóvenes, en el caso de las organizaciones sociales y políticas la Internet resulta un instrumento maleable, no teniendo los mismos efectos en todos los casos. Como dice Bennet (2003):

> Una idea en la que la mayoría de los observadores acuerdan es que las aplicaciones de la Internet, al igual que con la mayoría de los medios de comunicación, su uso depende fuertemente del contexto social. Como Castells (2001: 50) dice: "La Internet es una tecnología particularmente maleable, susceptible de ser profundamente modificada por las prácticas sociales, y llevando a un completo abanico de posibles resultados sociales" (Bennet, 2003: 146).

En otras palabras, el uso que se le dé a la Internet dependerá del tipo de organización, así como de los objetivos con los cuales se la utilice. Como dice Bennet (2003: 145) el uso que le dé una organización burocrática y con años de historia no es el mismo que adoptaría un grupo nuevo e informal. Es muy probable que el primero utilice a esta tecnología como un mero recurso más para intervincular sus oficinas y militantes, moldeando el uso de la Internet a sus necesidades. En cambio, el grupo más nuevo e informal es muy probable que (debido a su falta de recursos) se sostenga sobre esta tecnología como medio para llevar adelante sus acciones, seguramente sufriendo más profundas modificaciones en su identidad y formas de accionar.

La importancia de la Internet en el activismo global ha llevado incluso a algunos a afirmar que la Internet debiera verse como una forma organizativa más (ver Tarrow, 2003: 29), más que como un instrumento comunicativo. En nuestra opinión, es exagerado ver en la Internet una forma organizativa más, ya que debe considerarse que si bien el uso que se le dé generalmente afecta la organización, es ésta la que moldea a la tecnología, más que a la inversa. Creemos que las cualidades de la Internet, el ser "Redes policéntricas (socialmente distribuidas) que [se] despliegan [de forma] horizont[al], no-jerárquica, flexibles…" (Bennet, 2003: 146) es más una característica de los grupos que la utilizan, que de la Internet misma.

Como dice Bennet (2003), debemos considerar que la inclinación a utilizar la Internet de esa manera es más bien una cualidad propia de la identidad de aquellos que la utilizan. Así como de la forma en que en general los jóvenes activistas alter-mundialización entienden la política. En otras palabras, y como veremos en el siguiente apartado, esta forma de organización vía la Internet (pero no exclusivamente por medio de ésta) es propia de los grupos autonomistas, adaptando sus principios de organización flexible, informal, sin jerarquías ni autoridades claras. En los casos de organizaciones grandes y con burocracias estables, es un medio para explotar ciertas potencialidades de la organización misma.

El caso de Amnistía Internacional es muy interesante. Nicolás nos comenta que la oficina internacional en Londres está impulsando, a su entender, una reformulación de la militancia en la organización. Observa que existe una tendencia creciente a cerrar las oficinas ubicadas en el Sur Global (todas deficitarias), como sucedió con Colombia y Brasil, y a reformular la participación de sus miembros en torno a las tecnologías de las comunicaciones. El nuevo miembro activo de Amnistía Internacional, se constituiría en un *e-activista*, es decir la organización se asentaría en un nuevo patrón:

> Sin militancia clásica, con militancia virtual. Es decir, *tipos* [personas] que están dispuestos a firmar cadenas de *mails* [correo electrónico] y a reenviarlas; *tipos* que están dispuestos a pagar una cuota; *tipos* que están dispuestos a ir a una movilización y a hacer una bandera (…) Pero no una organización, un conjunto de militantes organizados con ideas políticas y cierta autonomía de pensamiento. Sino un núcleo lo más tecnificado posible con una red mundial conectada por computadora (Nicolás, entrevista).

Es decir, constituir a Amnistía Internacional en una suerte de comunidad moral, ideológicamente débil, pero favoreciendo una identificación individual con la "causa". En el caso de Amnistía Internacional (al menos por el desarrollo que tuvo la campaña *Stop Torture*) esta identificación sería principalmente por empatía con los afectados, antes que por una concientización profunda sobre los derechos humanos y sus protocolos internacionales. En palabras de Nicolás, mientras favorecería la participación global masiva, "El joven que se acerca, se acerca porque le gustó eso. Pero se reduce a eso [...] vuelve a participar si le envían otra historia con foto [donde pueda ver a los que son víctimas]" (entrevista). Según él mismo cree (que prefiere una militancia de base territorial y autogestiva) el *e-activismo* "Quizás lo que no produce es un panorama y una conciencia general de lo que son los derechos humanos, que es lo que define a un militante [...] Sino más bien compromisos con situaciones particulares" (entrevista).

Independientemente de si éste será o no el futuro de Amnistía Internacional, lo que muestra este ejemplo de utilización de las tecnologías de la comunicación, es que la Internet no necesariamente moldea una institución con años de historia. Por el contrario, es un ejemplo de como puede ser un recurso que ésta utilice para afrontar la desmovilización que vive desde los años 1990, adaptándose a los cambios que sufre en las oportunidades políticas para su accionar. En relación con las juventudes, lo que es probable es que los que se activen sean un selecto grupo con un buen manejo de la informática y del inglés, *elitizando* el activismo. También, estas tecnologías acentuarían la individualidad, asegurándose que ésta no se pierda en la masa, pero también debilitando la sensación de pertenencia y las relaciones sociales personales que son un factor central (e irremplazable) en la constitución biográfica del sujeto. Las relaciones personales, en especial los vínculos de amistad que se desarrollan entre los militantes, son un factor muy importante para la permanencia en un movimiento social a través del tiempo (Tarrow, 1997). La participación vía la Internet mantiene al activista en los círculos de "simpatizantes", asegurando la activación por campañas puntuales (como sucedió con los jóvenes en ATTAC), pero puede alejar la visibilidad del impacto de la acción si la participación se reduce exclusivamente a la Internet.

2.6. Grupos autonomistas alter-mundialización (Estados Unidos, Argentina y Australia)

Cuando hablamos de grupos autonomistas nos referimos a aquellos grupos informales, horizontales descentralizados, individualizados, autorreflexivos y episódicos, donde buscan desarrollar su militancia los jóvenes que —por principios— rechazan la participación en organizaciones burocráticas o con jerarquías y autoridades (por una definición con puntos en común, pero en la que se utiliza el término "grupo de afinidad", ver McDonald, 2003: 116). Estos grupos, junto a otros más institucionalizados y estructurados, como el caso de ATTAC, conforman los llamados movimientos alter-mundialización.

Son ejemplos de participación sin membresía ni una organización formal (al igual que los Amigos de Talas, pero —a diferencia de los primeros— aquí es por principio). En estos grupos también notamos un rechazo a las formas de representación clásicas, en los que a alguien le es delegada la voz de otros y la interpretación de sus voluntades. Como dice una activista de *Indymedia* en Australia: "nadie puede hablar en nombre de ningún otro" (Karen, entrevista citada por McDonald, 2003: 118).

Para analizar el caso de este tipo de participación seguiremos principalmente a McDonald (2003), a Aaron (2004) y a Rossi (2005a, 2005c), tomando como casos diversos grupos alter-mundialización que participaron en Melbourne en tres días de bloqueos a la reunión regional para Asia y el Pacífico del Foro Económico Mundial (septiembre de 2001). También, nos basaremos en la experiencia de otro grupo, que participó de los bloqueos a la Cumbre de las Américas de Québec durante 2001, en las experiencias de diversos grupos autonomistas estudiantiles que luchan contra la explotación laboral (Estados Unidos) y en la de un pequeño grupo autonomista de Buenos Aires.

Además de lo que dijimos al comienzo de esta sección, una característica que distingue a estos grupos (y los diferencia de todos los estudiados hasta ahora) es que todos son liderados y están compuestos exclusivamente por jóvenes, la mayoría de estos estudiantes universitarios o recién graduados. También, como dijimos antes, estos grupos tienen una entidad cuasi "etérea", es decir, permanentemente mutan. Por ejemplo, en Buenos Aires, el pequeño grupo compuesto por no más de quince personas, tuvo momentos de mayor activación (llegaron a organizar un tren para viajar a 501 kilómetros de la Ciudad de Buenos Aires y quedar así eximidos de votar). Este mismo colectivo, que se reunió para organizar esta actividad bajo el nombre de "501", más tarde volvió a activarse (con algunos jóvenes de antes, pero otros tantos nuevos) bajo el nombre de "Primavera de Praga", en homenaje a las protestas pacíficas contra el régimen soviético en Checoslovaquia. La ola de movilización alter-mundialización, así como el ciclo de protesta que vivió la Argentina de 2001 a 2003 los mantuvo muy activos en las asambleas vecinales y populares (que resultaban un laboratorio social fascinante para muchos de ellos), además de participar en acciones contra diversos encuentros internacionales realizados en Buenos Aires. Desde ese entonces el colectivo se llama "Intergaláctika", permaneciendo unos cinco jóvenes desde el grupo original "501". Este permanente fluir en la identidad, el evitar asentarse en una forma y característica, el experimentar con las formas participativas, no se debe a que sean jóvenes, sino a una postura filosófico-política que concibe de esta manera la participación (observado también por Aaron [2004] en los Estados Unidos). A pesar de ser grupos en los que parecería no haber más que un nexo por un objetivo puntual (lo que es cierto en parte), estos grupos mantienen una conexión permanente asentada en la Internet y los vínculos y redes estudiantiles y de amistad que comparten. No son grupos virtuales, pero sí —a diferencia del caso de Amnistía Internacional— estas formas comunicativas son más que un mero medio. Son otra de las formas de expresar sus principios de participación no jerárquica y descentralizada, en –como dice Aaron (2004: 32) sobre los grupos en Estados Unidos– "Grupos [...] antes fluidos que fijos, operando con colectivos voluntarios unidos entre sí por medio de una red de una fuerte pero no organizada unión de afinidad". En este mismo sentido, dice una joven activista de Estados Unidos: "Yo creo que no hay una identidad compartida. Creo que hay muchas identidades..." (Julie, entrevista citada por McDonald, 2003: 118).

Esta identidad que no se cree compartida, y donde más parece unirlos un proyecto concreto, también se expresa en un *ser con los otros*, un realizarse en el mutuo encuentro con los pares para expresarse en códigos y lenguajes propios. Esto, así como compartir el vivenciar una acción concreta común y organizada sin jerarquías y autoridades, es de hecho una referencia identitaria ("etérea") que los une. Al igual que en todos los casos antes vistos, los jóvenes que participan en estos grupos priorizan su individualidad, no sintiéndose representados por la institución o colectivo en el que participan, sino que lo utilizan como un canal facilitador de la acción colectiva. Hoy, frente al Foro Económico Mundial, puede ser un bloqueo; mañana el realizar una asamblea en un parque público, alquilar un tren para viajar lejos de la ciudad y así quedar eximidos de votar o participar en el Campamento Intercontinental de la Juventud del Foro Social Mundial (FSM).

El Campamento Intercontinental de la Juventud representa una forma económica y divertida de participar en el FSM. Aunque para algunos sea sólo un medio accesible de poder participar, el deseo de muchos de los jóvenes que asisten también es el de experimentar con el cuerpo aquello que se sostiene. Las ideas, principios y luchas deben ser sostenidas, debatidas, etc., pero el experimentarlas colectivamente, el *ser en cuerpo lo que se piensa* es lo que acerca a muchos al Campamento. En otras palabras, la asistencia al FSM no representa para muchos jóvenes lo que para los adultos implica: la búsqueda de tejer redes político-estratégicas o de hacer campaña. Implica vivir (en cuerpo y alma) los valores a los que se adhiere y se interpreta que el FSM representa: vivir la alteridad individual en tolerancia con la diversidad. Esto se lleva adelante por el tejer vínculos sociales y culturales, en el *ser con los otros*. En base a nuestra observación de campo durante el FSM 2005, podemos advertir que para los jóvenes asistir a los talleres de trabajo del evento resulta importante si —y sólo sí— se encuentra en ellos una herramienta útil para el trabajo en el agrupamiento que se integra (por ejemplo, sobre cómo trabajar en red, cómo hacer una proyecto social, etc.) o si quien presenta el panel es una persona admirada por *ser lo que dice* (por ejemplo, premios Nobel de la Paz, luchadores sociales conocidos) o transmite ideas políticas (y por tanto valores) que son una referencia importante (por ejemplo, Eduardo Galeano, Michael Hart, John Holloway). La noche en el Campamento adquiere una cualidad idéntica a la que se origina en los espacios urbanos. Se produce una toma y resignificación del espacio público (en este caso el espacio del FSM) *cuando los adultos duermen*. Los espacios de debate se "reabren", se desarrollan actividades político-culturales y el *ser haciendo con los otros* se desenvuelve con más intensidad en todo el espacio que ahora ha sido reapropiado (por ejemplo, manifestaciones anarco-*punk*, naturistas-nudistas, de mujeres, bailes *hip-hop* u organización de talleres y debates sobre el Ejército Zapatista de Liberación Nacional).

Lo que es común en los grupos autonomistas, el vivir al colectivo como un medio (que aquí parece ser más fluido), lo hemos observado en los otros casos: no son *fieles* al colectivo, sino a las "causas" sociales y políticas por las que luchan. Si existe un mejor medio, no es necesario preocuparse por sostener uno que no parece dar los resultados esperados. En otras palabras, no existe una organización ideal para la participación de las juventudes, sino que cada cual dependerá de los objetivos y los principios que los sujetos que en ellas actúen deseen llevar adelante. En palabras de una activista joven de Estados Unidos:

> [...] lo que tenemos es un conjunto de gente pensando, poniendo di-
> ferentes ideas en el pote[,] estamos actuando simultáneamente y no
> creo que esto sea realmente connsciente, que estemos sentándonos y
> diciendo "bien, ésta es mi estrategia, ésta es su estrategia y ésta es tu
> estrategia y vamos a hacer todo junto y ver cómo se ve" [...] Lo que
> creo que es otro componente excitante del movimiento es que hay
> un poco más de fluidez en la forma en la que uno puede expresarse
> (Judy, entrevista citada por McDonald, 2003: 120-121).

Otra característica de estos grupos (como vimos con Nicolás de Amnistía Internacional y en el Campamento Intercontinental de la Juventud) es el deseo de experimentar con su propio cuerpo los principios e ideales que se sostienen (Aaron [2004: 32] en su estudio sobre Estados Unidos obtiene los mismos resultados). Un joven militante de Australia lo expresa con claridad al decir lo siguiente sobre las acciones directas que impulsan:

> Pero, si es como que la ciudad le pertenece a la comunidad. Es
> como decir "vos tendrás el poder, pero cuando nos unimos [...] el
> mundo es nuestro". Es una forma de ser capaces de probar esto en
> el terreno (Ryan, entrevista citada por McDonald, 2003: 120).

El hábito de búsqueda y experimentación no es exclusivo de los grupos autonomistas, "[...] los jóvenes se 'sienten' ciudadanos al hacer cosas [...] cuando experimentan su cuerpo como territorio autónomo" (Reguillo, 2003: 18). A pesar de ello, es en estos grupos donde se observa con mayor radicalidad: la experimentación es su *ration d'être*.

Como dijimos al principio de esta sección, la mayoría de los grupos se organizan (o más precisamente: activan su movilización) cuando encuentran algún enemigo inmediato a quién enfrentar (los foros y conferencias multilaterales y gubernamentales ofrecen ese objetivo puntual, concreto y mensurable: lograr que fracase la reunión). Pero el involucramiento sin membresía y fuera de toda institución formal no implica la repentina apatía, sino períodos de latencia (determinados por los ciclos de protesta nacionales e internacionales) donde se mantienen los vínculos por la Internet (compartiendo documentos, debatiéndolos), asistiendo a actividades diversas o por la mera amistad. Hay placer y diversión en el *hacer juntos*, no es más una abnegada obligación. Como dice un militante de Colombia al preguntársele sobre cómo participa políticamente:

> Las reuniones informales, las redes autónomas, la comunicación virtual, la flexibilidad organizacional, disfrutar y divertirse con el "Activismo", hacer de la Revolución una fiesta (Julián, entrevista electrónica).

El disfrutar y ver el impacto de lo que se hace son factores muy importantes en todos los casos hasta ahora vistos, no importa el tipo de organización ni el objetivo de la misma. El punto común es –como dice una joven activista de Australia– que

> Es también diversión… el martirizarse no es de lo que se trata… es sobre convertirse en una persona y crecer como parte del mundo (Judy, entrevista citada por McDonald, 2003: 124).

En otras palabras, el activismo es realizarse por la construcción de la propia biografía a la vez que se construye un mundo mejor.

2.7. Tribus urbanas: *graffiteros* y *punks* en México, *hip-hopers* en Estados Unidos y *okupas* en España

Cuando nos referimos a tribus urbanas estamos haciendo alusión a aquellos colectivos que implican a un grupo de pares en una red informal basada en una adscripción cultural, y que tiene una base territorial muy fuerte. Son una expresión de autogestión entre jóvenes y en la que –en la mayoría de los casos– lo musical es muy importante. Son agrupamientos urbanos, propios de las grandes ciudades, entre jóvenes de los estratos populares. Aunque no son agrupamientos políticos *per se*, algunas veces se expresan políticamente. Es por ello que el objetivo de la inclusión de un apartado sobre estos grupos es el de presentar la pregunta sobre si es posible definirlos como una forma de inscripción política de los sujetos en condición juvenil, o si mejor sería considerarlos de otra manera. Las expresiones de este tipo de participación que estudiaremos muy brevemente aquí son los *graffiteros* y los *punks* en México, los *hip-hopers* en Estados Unidos y los *okupas* en España.

Los *punks* de México son un grupo principalmente anarquista, que tiene su origen en la década de 1980 (proveniente de Inglaterra). Su visión política se expresa en el rechazo al Estado, la iglesia católica y los modelos de familia patriarcales. Todo esto lo entienden como la forma en la que se manifiesta la dominación machista y capitalista que impera en México y el mundo (Reguillo, 1998: 63 y 64).

> El *anarcopunk* propone una sociedad civil autoorganizada, sin partidos y federada. Para que esto sea posible hay dos condiciones: de un lado el que cada quien sea dueño de su propia vida, y de otro lado, el que cada ser humano se desarrolle libremente (Reguillo, 1998: 63).

Para ello se trabaja mucho en grupos de reflexión y debate, además de los encuentros musicales donde comparten intereses y visiones del mundo. La autora cita como ejemplo de organización cultural y política el "Segundo Encuentro Nacional Hardcore Punk", realizado en 1996 en Guadalajara, donde se llevaron adelante recitales y debates. También, a nivel regional, se han reunido en 1998 en Uruguay y en 2000 en México (O'Connor, 2003: 51).

En el caso mexicano, la experiencia del zapatismo ha marcado a éste como a muchos otros grupos de jóvenes. Es por ello que impulsan recitales donde se busca recaudar fondos para la lucha del Ejército Zapatista de Liberación Nacional (EZLN) (O'Connor, 2003: 46). Otros temas en los que participan son los vinculados a los derechos de los mexicanos migrantes en los Estados Unidos (Reguillo, 1998: 68). En los últimos años puede destacarse la participación inorgánica durante la toma estudiantil de abril de 1999 a febrero de 2000 de la

Universidad Nacional Autónoma de México (UNAM) contra el aumento de la matrícula universitaria (O'Connor, 2003: 49-50).

Un miembro de esta tribu urbana expresa en sus críticas a la iglesia católica su visión de que la política debe ser proactiva y desarrollarse en el presente:

> La resignación, el "pon la otra mejilla" y en el "aquí sufres mucho pero no importa porque en el cielo vas a tener una vida muy buena" y todas esas cosas que son para que la gente no haga nada ahora en su presente. Siempre en el futuro las cosas van a mejorar. Eso es una manipulación porque te hacen olvidar el presente y te hacen olvidar que el futuro se construye en el presente. Entonces si ahorita no hacemos nada, si ahorita no cambiamos, el futuro va a ser lo mismo (entrevista citada por Reguillo, 1998: 65).

Otro caso de México es el de los *graffiteros*. Este caso —al igual que el de los *punks*— es una expresión que puede encontrarse en casi todo el mundo. Los *graffiteros*, a diferencia de los *punks*, se organizan en cuadrillas con el objetivo de expresarse sobre el paisaje urbano desafiando la autoridad, así como apropiándose de la ciudad. Este agrupamiento, también característico de los estamentos populares, es cada vez más un fenómeno que se expresa entre las clases medias como una manifestación urbana más. Originario de Estados Unidos llegó a México en los años 1990. Al igual que en el caso de los *punks*, y en el de las otras tribus que veremos, existe una búsqueda consciente de ponerse al margen de la sociedad, es decir, de no actuar basándose en sus reglas (Costa, Pérez Tornero y Tropea, 1996: 138-139). Esto, en el caso de los *punks*, se observa en sus vestimentas y el modo de arreglar su cabello. En los *graffiteros* se observa en la intrusión ilegal en los espacios públicos y el plasmar su firma donde "no se debe" (Reguillo, 1998: 72). Esta forma de relación con el territorio es de una densidad muy baja y fluida (Costa, Pérez Tornero y Tropea, 1996: 129), actuando mediante un transitar aleatorio por la ciudad. Mientras en el caso de los *punks* la música que los distingue lleva su mismo nombre, o *hardcore* (como otra subtribu), entre los *graffiteros* el *hip-hop* y el *rap* son los estilos musicales por excelencia.

Aunque los *graffiteros* mexicanos no presentan una visión política muy clara comparten con los *punks* un cierto rechazo a la forma actual de organización de la sociedad. Ambos casos, podría afirmarse, son expresiones subculturales marginales, pero en el grupo *graffitero* no activada políticamente.

A diferencia de como se expresan en México estas tribus urbanas, en España (en especial en Cataluña) los *okupas* son el grupo subcultural más importante. No tanto por el número de jóvenes participantes sino por las amplias simpatías que cosechan en parte de la sociedad. Como dice un experto catalán en juventud, director ejecutivo de la Fundación ESPLAI:

> El movimiento *okupa*, por ejemplo, tiene un peso muy importante en nuestra realidad. No tanto por los que participan a como por el hecho de que a todo el mundo le parece fantástico que unos jóvenes que no tienen posibilidad de tener una casa, pues una que está abandonada y que está esperando para conseguir altas plusvalías la cogen, la invaden y hacen de eso un centro de su vida, de sus actividades, [dando] servicios al barrio (José Manuel Gil Meneses, entrevista).

Esta subtribu *punk*, a diferencia de los *graffiteros*, manifiesta su visión anarquista del mundo por medio de una relación diferente con el territorio urbano. Buscan fijar una residencia, articularse con su entorno, desarrollarse —a su manera— en el barrio. Es decir, invaden un espacio deshabitado, recuperándolo para sí y su entorno. Buscan también desafiar la autoridad urbana, su normalidad y legalidad. Este grupo es mucho más politizado que los *graffiteros*, desarrollando acciones directas. Como nos comenta José Manuel Gil Meneses, el Forum Universal de las Culturas (2004), fue un evento por la paz y la diversidad cultural, promovido por organismos oficiales y patrocinado por ciertas instituciones muy cuestionables. Entre éstas, se encontraba INDRA, una multinacional armamentísticas. Esto generó mucho rechazo y contestación. Entre ellos, el rechazo de los grupos *okupa*.

> El movimiento *okupa* hizo una operación muy divertida. Construyó unas balsas en una playa cercana, y a través del puerto (porque el Forum tenía puerto abierto), pues invadieron el Forum. Se equivocaron de día, tenían el viento en contra, debieron llegar nadando […] Llegaron con la bandera pirata en el Forum, que era un lugar súper controlado, políticamente correcto […] y ellos entraron con sus barbas, con sus extensiones de cabellos y su bandera pirata, y ocuparon por un tiempo el Forum (José Manuel Gil Meneses).

Esta forma de expresión política ilustra la potencialidad existente en los grupos subculturales para constituirse como contraculturales y eventualmente desarrollar acciones de protesta. Sin embargo, como también nos muestran los *graffiteros*, la reapropiación que hagan del espacio urbano (aunque debe ser considerada por el Estado) no siempre se constituye en una expresión política. Mientras que en algunos de los casos analizados precedentemente las redes de socialización que constituyen la base para el acercamiento a un movimiento u organización social son las universitarias al producir un núcleo de experiencias comunes. La base de las redes de participación relativamente fluidas y territorializadas que se presentan en las tribus urbanas se nutre de espacios comunes sustentados en consumos culturales (mayormente musicales), lo que produce un tipo de socialización diverso. En este sentido, la participación adquiere otro carácter, como han mostrado los interesantes trabajos sobre tribus vinculadas al *rock* en América Latina recopilados por Pacini Hernández, Fernández L'Hoeste y Zolov (2004), y la investigación de Alarcón (2003) sobre la *cumbia villera* en la Argentina.

Esta particular socialización de las tribus urbanas no impide que se produzcan acciones políticas, pero tampoco fomenta la participación política. El caso más llamativo de búsqueda consciente de utilización en sentido político de una tribu urbana es el de la asociación *The National*

Hip-Hop Political Convention, en Estados Unidos. Esta organización creada por Bakari Kitwana se constituyó con el fin de desarrollar en Newark, durante junio de 2004, una convención nacional de *hip-hopers*. El encuentro, más politizado que el desarrollado por los *punks* en Guadalajara, tenía como finalidad conformarse en un eje de activación política de los jóvenes negros de los barrios pobres. Esto se sustentaría en el factor aglutinante y de pertenencia que genera el *hip-hop*. La idea fue mayormente la de buscar construir entre los jóvenes que gustan del *hip-hop* una identificación generacional que los aglutine en una identidad política, favoreciendo así su concientización y participación electoral. Como dice Bakari Kitwana:

> No es sólo sobre registrar votantes, tienes que documentar quien luego realmente vota [...] Queremos que la gente entienda para qué es el voto y cómo usarlo. Diciéndole a la gente joven que vote sin darles ninguna herramienta está mal. Buscamos educar a los votantes para que entiendan lo que es ser parte de un proceso político y cómo eso puede aparejar cambios (citado por Bowman, s/f: 3).

Esta convención, que reunió a unos tres mil jóvenes, fue un intento innovador y atípico. En los niveles nacionales, generalmente se busca aglutinar a los jóvenes que participan en asociaciones civiles o políticas, pero los jóvenes que transitan en los márgenes de la sociedad —en grupos informales y subculturales— son generalmente ignorados. Aunque los resultados no fueron contundentes (la elección presidencial de 2004 no generó una cantidad de votantes jóvenes significativamente superior), la continuidad de este proyecto puede favorecer la constitución de identidades políticas. Igualmente, los intentos de producción de una identidad generacional difícilmente den resultados, ya que para ello deben darse varios factores simultáneamente más que una mera apelación discursiva. Este tema será parte de la conclusión general del trabajo.

Como conclusión de este apartado podemos decir que las tribus urbanas pueden ser consideradas una forma de participación política más si, y sólo si, los jóvenes en ellas activos deciden utilizar sus redes, relaciones y la tribu misma para desarrollar acciones en el espacio público con sentido político. No todas las tribus se constituyen en actores políticos, ya que la inscripción social del actor no lleva necesariamente a una inscripción política, ésta es un resultado de muy variados y complejos procesos. Un patrón que, sin embargo, en las tribus urbanas parece reiterarse es que estos agrupamientos, así como las formas de involucramiento que vimos en los anteriores casos, no se establecen con fines de representación de intereses definidos como "juveniles".

2.8. Organización "híbrida": World YWCA

La *Young Women Christian Association* (YWCA) fue fundada en Gran Bretaña para "[…] responder a las necesidades espirituales, de hogar y recreación de las jóvenes niñas que habían migrado a las ciudades durante la Revolución Industrial" (World YWCA, página de Internet). En 1894 fue constituida la World YWCA por las asociaciones nacionales de Gran Bretaña, Noruega, Suecia y Estados Unidos.

Luego de más de cien años de existencia, la YWCA se constituyó en una de las organizaciones más importantes del mundo, encontrándose en 122 países y uniendo a veinticinco millones de mujeres (considerando a todos los círculos de participación).

> La World YWCA une a las asociaciones nacionales en un movimiento mundial de mujeres miembros voluntarias. Inspirada en la fe Cristiana, el propósito de la World YWCA es el de desarrollar el liderazgo y poder colectivo de las mujeres y niñas alrededor del mundo para lograr el cumplimiento de los derechos humanos, la salud, seguridad, dignidad, libertad, justicia y paz para todos los pueblos (folleto "Tools for Change", World YWCA, 2003).

Con el fin de lograr estos objetivos, el movimiento impulsa, tanto a escala nacional como mundial, acciones de dos tipos. Por un lado, ofrece entrenamiento y capacitación para mujeres e impulsa programas y servicios de contención social y apoyo comunitario. Por otro, moviliza a las mujeres como poder colectivo con el fin de luchar por la efectivización de sus derechos y por la paz mundial. Para ello, participa en las instancias de la Organización de las Naciones Unidas (ONU) vinculadas a las mujeres, además de ser una de las organizaciones participantes en el proceso hacia la constitución de la paz en Medio Oriente. Es por este doble sentido que no la consideraremos una organización de un movimiento social (como Amnistía Internacional, por ejemplo), ya que es más preciso llamar a la YWCA *organización "híbrida"*.

El término "organización 'híbrida'" fue acuñado por Minkoff (2002: 381) y hace alusión a las organizaciones que combinan, por un lado, la característica distintiva de los movimientos sociales —luchar por el cambio social— y, a la vez, llevan adelante acciones típicas de las asociaciones civiles u ONG, es decir, ofrecen servicios comunitarios o sociales (como puede ser un hogar para niñas). En cierto sentido la hibridación es un proceso de "oenegenización", pero a su vez, es una característica que define a ciertas organizaciones que poseen una larga historia en este formato dual, el que es previo incluso a la creación de organizaciones promotoras de la "oenegenización" de los movimientos sociales como son el Banco Mundial o varias agencias de la ONU.

Es esta doble condición de la YWCA —que le es propia, y previa al fomento externo de esta forma organizativa— la que la distingue de todos los casos hasta ahora estudiados. La característica de este caso debe ser considerada al estudiarlo, ya que ofrece múltiples formas de participación así como razones para acercarse y quedarse (aunque no todas son políticas). El doble sentido, tanto de cabildeo y lucha política, como de contención social, es reconocido por la presidenta mundial, Mónica Zetzsche, al hablar sobre la rotación de las voluntarias activas en la asociación:

> Las voluntarias nunca se pierden, pero rotan [...] Y además creo que hacemos de red de contención [...] en este período de desocupación en Argentina y Latinoamérica, encuentran donde realmente se

> sienten útiles [...] En cuanto encuentran un trabajo, no las vemos
> o las vemos muy poquito [...] o les podemos pedir algo puntual
> (entrevista).

El trabajo de contención puede expresarse de diversas maneras, dependiendo del contexto en el cual esté inserta la organización. Por ejemplo, en África, las jóvenes llegan a los doce o trece años de edad al ser ubicadas en los hogares que la YWCA posee, debido a que quedan huérfanas o escapan de casamientos forzados.

Como dice Natasha, una de las jóvenes miembro del Comité Ejecutivo Internacional:

> Una vez que eres miembro de la YWCA (y esto es algo muy co-
> mún) y tienes la oportunidad de viajar y ver otras YWCA, nunca
> la dejarás... Porque entiendes que encuentras un amigo en cada
> parte del mundo. Y si, por ejemplo, te tomas unas vacaciones
> a un país donde conoces a una persona de la YWCA será... es
> como una gran, gran familia, donde gente que no conoces y vive
> en diferentes partes del mundo se considera parte de la misma
> familia (entrevista).

En otras palabras, más allá de los diversos contextos y necesidades, la organización no sólo une mujeres para luchar por sus derechos sino que también las contiene y hace sentir parte, constituyendo así un doble lazo de solidaridad y pertenencia. Vínculo que no excluye —como argumenta Tarrow (1997: 316-317)— el que se participe por motivos políticos, sino que representa un elemento de cohesión. Es por ello que aquí la definimos como una organización diferente de ATTAC o Amnistía Internacional, es decir, como una organización "híbrida".

Las Big Seven: las organizaciones con jóvenes y para jóvenes más grandes del mundo

La YWCA, siendo una de las seis organizaciones que más jóvenes nuclea en el mundo, en 1995 constituyó con otras las "Big Six", un grupo informal compuesto por la World YWCA junto con la *World Association of Girl Guides and Girl Scouts* (WAGGGS), la *World Alliance of Young Men Christian Associations* (YMCA), la *World Organization of the Scout Movement* (WOSM), la *International Federation of Red Cross & Red Crescent Societies* (IFRCS) y la *International Award Association* (IAA). Grupo compuesto por los directores ejecutivos de las cuatro organizaciones con jóvenes más grandes del mundo (WAGGGS, YMCA, WOSM y YWCA), la organización humanitaria más grande del mundo que posee un componente joven importante (IFRCS) y el programa de voluntariado más extendido por el mundo (IAA). El propósito inicial de este encuentro fue conformar un grupo informal sin autoridades que trabaje en pos de redactar y publicar un documento sobre los desafíos de la educación en el siglo XXI llamado "The Education of Young People. A statement at the dawn of the 21st. Century".

Una vez presentado el documento, y debido a lo positivo de la experiencia, en 1998 el grupo informal decide reformular su sentido de ser, decidiendo extender sus áreas de incumbencia a las políticas públicas nacionales sobre juventud. Esto llevó a la publicación en 1999 de otro documento ("National Youth Policies. A working document from the point of view of non-formal education 'youth organizations'").

En el año 2000, las "Big Six", deciden incluir al director ejecutivo de la *International Youth Foundation* (IYF), la organización más grande del mundo que desarrolla propuestas de políticas públicas para los jóvenes. Es a partir de ese año que se constituyen en las actuales "Big Seven".

Luego de desarrollar una serie de documentos, el grupo decide dar un paso mayor, definiendo su primer proyecto conjunto. En 2002 lanza en Zambia, Tanzania, Kenia, Uganda y Ghana un proyecto muy ambicioso que tiene como finalidad luchar por la erradicación del VIH-SIDA entre los jóvenes del continente.

Como vemos, la YWCA es una organización sumamente importante en el ámbito de la juventud, desarrollando acciones individuales y conjuntas de impacto mundial. Pero el motivo por el que la estudiaremos es su carácter "híbrido", así como por ser una organización clásica y haber impulsado un proceso de reformas que ha llevado a una inclusión sin precedentes de jóvenes en instancias de decisión (ver siguiente sección en este apartado).

La participación de las jóvenes en la estructura internacional de la YWCA

La YWCA es una organización con más de un siglo de historia, lo que ha producido que la falta de renovación interna haya alejado a muchas jóvenes, mientras permanecían mujeres muy mayores en las instancias de decisión (principalmente en Europa y Estados Unidos). Producto de este proceso, así como del alejamiento que —como ya hemos dicho— se produce a nivel general de las organizaciones clásicas de articulación de jóvenes, la YWCA inicia en 1991 un proceso de reestructuración general que culminará en 2007. En este proceso global de reformulación de toda la organización (en el que se debate el sentido cristiano, de mujeres y de jóvenes), la institución establece en el Consejo Mundial de 1991 (Stavanger, Noruega) que en todas las instancias de toma de decisiones debe haber un cupo mínimo de 25% de mujeres menores de treinta años (artículo VII del Estatuto). Este proceso recién en 1999 da sus frutos, constituyéndose la primera estructura internacional donde se cumple el cupo de 25%. Esta evolución, como hemos dicho, se enmarca en un plan de reformulación mayor, plasmado en tres grandes objetivos (ver documento "World YWCA Strategic Plan 2004-2008"), siendo en el segundo de ellos donde se insertan estas transformaciones.

Analizando los resultados obtenidos a partir del Consejo Mundial de 2003 (Brisbane, Australia), podemos notar cómo se ha incluso superado ese 25% en instancias como el Comité Ejecutivo Internacional (ver Cuadro IX). También, hay cuatro mil jóvenes miembros que han recibido entrenamiento en todo el mundo entre 1999 y 2004, las que actualmente se encuentran en posiciones de liderazgo nacional o internacional dentro de la YWCA. A su vez, en la región del Caribe, por ejemplo, 50 % de quienes asisten a las reuniones regionales son jóvenes menores de treinta años (Minutes – World YWCA Council, 2003: 44). Sin embargo, el objetivo de estas reformas (acercar más jóvenes a una institución que envejece con sus miembros) no se logró, habiéndose incrementado la membresía juvenil en tan sólo unas dos mil quinietas personas (esto implica apenas 0,09 % de crecimiento) (Minutes – World YWCA Council, 2003: 47).

Estos impactantes resultados en lo que hace al fomento de la participación en estructuras de toma de decisiones –como vemos también en el Cuadro IX, y que contrastan con los otros casos de organizaciones estudiadas– es el que analizaremos por medio de la exploración de las trayectorias de dos jóvenes que integran actualmente el Comité Ejecutivo Internacional, así como las formas en que –junto a la presidenta mundial– comprenden la participación en el Comité.

El Comité Ejecutivo Internacional

Katya, representante de América Latina en el Comité Ejecutivo Internacional, se acercó a la YWCA de su país (El Salvador) en 1998, por la invitación que la madre de su novio le hizo. La organización, recién constituida en El Salvador, la atrajo por sus valores cristianos y por ser por y para mujeres. Comenzó colaborando voluntariamente dando clases de inglés y apoyando las tareas que se realizan en las áreas rurales. Apenas cuatro meses después de haber ingresado fue electa para formar parte del Comité Ejecutivo Nacional, el que integró como vocal hasta 2002. Ese mismo año, contando veintitrés años, es electa presidenta nacional de la asociación, cargo que ejerce hasta la actualidad.

Natasha, una de las representantes de Europa en el Comité Ejecutivo Internacional, llegó a la YWCA de Bielorrusia en 1996 por medio de una profesora de la universidad donde realizaba una investigación sobre los derechos de las mujeres como parte de sus estudios de sociología. Debido a la vinculación existente entre sus estudios y la nueva organización que acababa de crearse, se interesó mucho, vinculándose en campañas de concientización sobre los derechos de la mujer. Esto llevó a que se fuera involucrando cada día más, siendo electa como vice-presidenta nacional con veinte años de edad.

Cuadro IX: Estructura político-organizativa internacional de la World YWCA (excluye personal administrativo internacional en oficina de Ginebra)

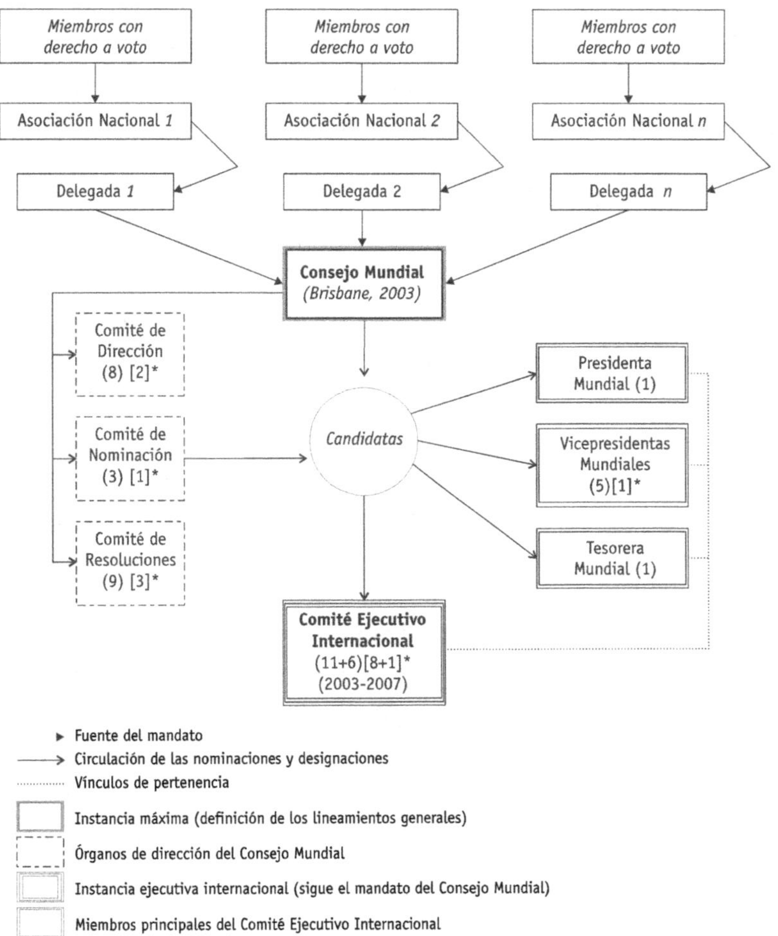

(*x*) Número de miembros mayores de treinta años de edad en instancias colectivas
[*x*]* Número de miembros menores de treinta años en instancias colectivas
<u>Nota</u>: números en negrita significa que integran el Comité Ejecutivo Internacional (contabilizados a parte en el comité, también en negrita).

Fuentes: www.worldywca.org; Minutes - World YWCA Council 2003; entrevistas (octubre-diciembre de 2004).

A pesar de los diferentes contextos, ambas asociaciones nacionales poseen la cualidad de ser muy pequeñas y nuevas, favoreciendo por tanto la inclusión de jóvenes (tenían estructuras en formación, y por tanto más flexibles). Según las entrevistadas, actualmente en El Salvador hay unas un millar y medio de socias, mientras que en Bielorrusia son unas doscientas. En ambos casos, también, advertimos nuevamente la importancia que tienen dos redes —la familiar y la estudiantil— para la generación de los vínculos que activen a las jóvenes y las acerquen a diversas formas de participación.

En relación a su vínculo con lo biográfico-profesional, vemos como Natasha —al momento de acercarse— era una estudiante de sociología interesada por los derechos de la mujer. En cambio, Katya, ingresa cuando aún estaba en el último año de la escuela preuniversitaria. En su caso sucede un proceso similar al de Patricia, de ATTAC, su descubrimiento vocacional es producto de su inclusión en la organización. Esto la lleva a estudiar abogacía, especializándose en derechos de la mujer.

También es de destacar que ambas jóvenes se acercan a la organización por los aspectos más políticos de ésta, es decir, por su lucha por los derechos de la mujer. Aunque ambas participaron en tareas voluntarias, el trabajo comunitario no fue el motivo principal de su acercamiento y permanencia. En estudios realizados en Canadá (Tossutti, 2004) y en Estados Unidos (Metz, McLellan y Youniss, 2003) se concluyó que la participación de jóvenes en voluntariados no genera más participación en organizaciones políticas, aunque sí más participación informal (en protestas y grupos informales). En otras palabras, no debe confundirse la participación política en instituciones y el voluntariado, considerándose que los jóvenes que llegan a participar en el círculo "duro" (como Natasha y Katya) deben estar previamente interesados en ello. Ya que, como se ha estudiado ampliamente (Wilson, 2000: 222) los voluntarios no expresan como una prioridad de su participación el interés por organizarse políticamente, expresar y defender sus derechos o tomar las decisiones en la asociación.

Tanto Katya como Natasha reconocen haber vivido alguna experiencia que las llevó a involucrarse en el ámbito internacional de la organización. Natasha, en su rol de vicepresidenta, genera contactos con la YWCA de Suecia, la que decide postularla para representar a Bielorrusia en el Comité Ejecutivo Europeo. Este nuevo mundo que se le abre, este viajar que ella destaca (como ya vimos en la cita que figura más arriba) es el que le cambia la vida radicalmente.

Katya, por su parte, recibe una de las becas internacionales que da la World YWCA para trabajar por tres meses sobre temas de mujer en la oficina de la ONU en Ginebra. Como ella dice muy elocuentemente, "... esta experiencia dio vuelta mi vida..." (entrevista). Es decir, vive un "despertar" que le permite conocer el trabajo en el ámbito internacional, involucrándose más en la temática de los derechos de la mujer. Tanto Natasha como Katya experimentan ese "despertar", esa experiencia que impacta en sus vidas, como le sucede a Patrick al ver la experiencia de la Comunidad Tiemtop.

Actualmente Natasha vive en Budapest, alejada del trabajo diario en la YWCA, aunque continúa ejerciendo los dos cargos internacionales en la institución. En cambio, Katya ejerce la presidencia en la asociación de El Salvador, en la que fue reelegida en 2005.

Volviendo al Comité Ejecutivo Internacional, y sobre la base de las experiencias de estas dos jóvenes, así como la de la presidenta mundial, encontramos, según sus relatos, una pauta de funcionamiento que se reitera en el Comité. Este patrón puede expresarse, como hace Mónica Zetzsche, de la siguiente manera: mientras la forma de participación por edad puede dividirse en tres grupos

> [...] uno sería el de las mujeres menores de treinta, otro el de las mujeres entre treinta y cincuenta y otro el de las mayores de sesenta. Los tres tienen una forma de participación distinta. Las jóvenes son más batalladoras cuando están, pero somos conscientes que no toman el compromiso a largo plazo... se anima[n] a tirar las cosas más osadas, más arriesgadas. Cierran las puertas a la negociación hacia

> afuera. Creo que porque el compromiso no es tan profundo y no piensan en las consecuencias. Tal vez porque no vivieron las consecuencias de tomar decisiones tan extremistas [en alusión a las consecuencias que tuvo en la Argentina durante la dictadura militar].
>
> Veo mucha más diplomacia en la generación de entre treinta y cincuenta. Como que toman lo que proponen las jóvenes, "pero planteémoslo de otra forma si es que implica un riesgo para el movimiento" [, piensan].
>
> Y en las mayores de sesenta veo ya una cosa más tranqui[la]. Están muy abocadas a cómo resolver los fondos... (entrevista).

A pesar de ver estas diferencias generacionales en los modos de participar, considera que "... las tres [generaciones] son muy necesarias, la participación de las tres en cuanto a edades trae un equilibrio muy interesante" (Mónica Zetzsche, entrevista).

Igualmente, a pesar de estas divergencias en los modos, no encuentran Katya, Natasha ni Mónica Zetzsche diferencia alguna con respecto al agrupamiento en el Comité. Más aún, la presidenta mundial encuentra que los temas globales (los clivajes políticos que generan las principales escisiones en el mundo) se reproducen en el comité, reflejando la división geopolítica mundial. Es decir, si el tema es sobre la paz en Medio Oriente, las mujeres (jóvenes y adultas) de los Estados Unidos estarán en contra del reconocimiento de Palestina, más cercanas a la postura de Israel, en oposición a las mujeres de Europa y Medio Oriente, indistintamente de su edad. Es decir, estos temas globales presentan al Comité como un escenario donde el debate está cerrado de antemano sobre la base de las posturas de sus respectivas naciones, reproduciéndose las divisiones existentes en el mundo.

En cambio, si los asuntos que se traten en el Comité tienen relación con temas propios de la mujer, la edad es un factor que parece afectar en la forma de agruparse y participar. Aunque con más frecuencia aparece el agrupamiento regional,

> … si lo que estamos debatiendo tiene que ver con la forma en que
> vamos a hacer *advocacy* [cabildeo] de algún tema que tiene afectada
> a la mujer, ahí vas a ver otro tipo de agrupación. Ahí vas a ver una
> agrupación por edad (Mónica Zetzsche, entrevista).

Aquí advertimos como las jóvenes más que establecer una división en la participación sobre la base de los temas (o clivajes políticos) que plantean, establecen sus diferencias, sus particularidades, por las formas de participación: son más radicales. Además, vemos cómo la participación se activa con más fuerza (como para establecer alguna diferencia) en los temas vinculados con la mujer, es decir, los temas más cercanos biográficamente. Este interés de los jóvenes por las formas de acción antes que los clivajes políticos, es algo que vimos ya entre los jóvenes de la Universidad del Salvador que participan en Amnistía Internacional, así como en los jóvenes que se acercaron a ATTAC Argentina luego de 2001. Este proceso es similar al relatado por la directora ejecutiva de *The Foundation for Young Australians*, ONG dedicada al apoyo a iniciativas sociales impulsadas por jóvenes, y que ha iniciado un proceso equivalente al de la YWCA, incluyendo a 50% de jóvenes en sus instancias directivas:

> [Cuando trabajamos en el Comité Directivo, a diferencia de antes
> de incluir jóvenes]… creo que pasamos más tiempo en temas re-
> lacionados al contenido de lo que hacemos, es decir, sobre cómo
> trabajamos con la gente joven.

> Mientras que particularmente el grupo de los adultos, probablemen-
> te pasa más tiempo sobre los presupuestos, las formas de gobierno,
> el estatuto y esa serie de temas (Mary Woldridge, entrevista).

Creemos que en estos dos ejemplos, así como en las experiencias de inclusión que vimos en casos como ATTAC, Amnistía Internacio-nal, Amigos de Talas o la Comunidad Klampun, los jóvenes no buscan participar como "juventud", ni ser tratados como adultos. Lo que parecen buscar es participar como pares, siendo reconocidos en su especificidad (la que puede estar definida por ser más jóvenes, como por ser mujeres, homosexuales, negros, de una tribu en particular, etc.), pero también como parte de un todo. Como dice Natasha sobre el principal valor que la participación en el Comité Ejecutivo Internacional tiene: "… ayuda a las mujeres jóvenes a ingresar en toda la sociedad" (entrevista). No favorece que las jóvenes se identifiquen como tales y se diferencien de los otros (lo que implicaría constituir a la condición juvenil en categoría política). En todos los casos notamos cómo lo que los jóvenes buscan es inmiscuirse lo más posible (en la medida que se relacione con sus intereses e inquietudes, las cuales están definidas por todo lo que hemos visto hasta ahora) en el entramado social y organizativo en el que se encuentran. Como dice un joven activista de Argentina:

> [...] sobre todo [es necesario] abandonar ese preconcepto de que los jóvenes sólo pueden hacer o interesarse por ciertas cosas… que piensan mejor, no, sumarlos como un igual de cualquier otro miembro de la organización, a hacer lo mismo que hacen todos los miembros, involucrarse en los mismos temas (entrevista citada por Balardini, 2005: 22).

Relacionado en particular a la YWCA, la generación de mayores espacios de participación ha tenido poco impacto en la membresía (que creció solo 0,09 % desde 1999). Lo que sí ha favorecido es una rotación y renovación de las elites en la organización (como muestran los datos ya citados de formación de líderes internos, así como el número de jóvenes que vemos que participan en la estructura internacional).

Una última lección que extraemos de este caso es la importancia que tienen las formas de participación "inclusiva" (es decir, cuando se insertan en las instancias existentes) para favorecer que los jóvenes se acerquen cada vez más al círculo "duro" de la organización (por discriminación positiva como sucede aquí, o por no segmentar su participación, como vimos en ATTAC o Amnistía Internacional). Esto no está exento de problemas, ya que se lo logró gracias a un cupo, lo que produce, según la presidenta mundial,

> [...] menos compromiso. En algunos casos no trae problemas, pero en otros casos pasa que están ausentes en las reuniones del Comité Ejecutivo [Internacional] y esto sí es grave... Yo creo que lo que cuesta mucho lo valorás distinto, y en este caso creo que esto falta [...] En el último Comité Ejecutivo [Internacional] faltaron tres... y las tres son menores de treinta [años]. Son razones entendibles, una tuvo un bebé, otra quedó embarazada y no le dejaron viajar y la otra estaba con exámenes en la facultad (Mónica Zetzsche, entrevista).

Y el problema, según la presidenta mundial, fue que sus voces no se expresaron, y el fortalecimiento adquirido se diluye.

2.9. Foro y red global centralizada: International Youth Parliament – Oxfam

En octubre de 2000 y junio de 2004, en Sydney, fue realizado el *International Youth Parliament* (IYP), iniciativa de la *Community Aid Abroad* (Oxfam Australia). Este foro, que reunió en cada oportunidad a alrededor de trescientos jóvenes procedentes de cien países diferentes, se constituye en el modelo de encuentro de jóvenes más importante de su tipo.

Si bien posee ciertas particularidades que lo diferencian, es un encuentro realizado bajo la inspiración de los grandes foros que la ONU plasmó durante la década de 1990, como fueran las cumbres de la Tierra de 1992, para el Hábitat de 1994, para el Desarrollo Social de 1996 y la Conferencia Mundial de las Mujeres de 1995, entre otros. Entre las diferencias, en primer lugar se encuentra la de que reúne jóvenes que asisten en calidad de individuos, sin representación corporativa o con mandato. Son personas con actividad comunitaria y/o política sin vinculación previa con Oxfam, y desarrollada por los canales institucionales o de manera informal (la que incluye participación partidaria y sindical). Como dice May Miller-Dawkins, *program officer* del IYP:

> El IYP es una red de jóvenes activistas trabajando por el cambio sustentable, equitativo y pacífico en sus comunidades. El IYP los apoya invirtiendo en su capacitación, apoyando su proyectos y [en la generación de] una red, basado en la creencia de que los ayudará a ser efectivos agentes de cambio ahora y en el futuro, y de que tendrán un impacto en crear un cambio positivo en la vida de los pueblos (entrevista electrónica).

Esta capacitación que nombra May Miller-Dawkins se lleva adelante durante el foro, pero también en forma virtual a través de la red que constituyen todos los asistentes. A esto se agrega el apoyo que brindan por medio de pequeñas donaciones para que puedan ser realidad los planes de acción elaborados por los asistentes.

El IYP se enmarca en la organización Oxfam, en particular en su filial australiana. En palabras de Jane H., quien trabajó en el parlamento del año 2000:

> Mientras el objetivo de Oxfam es trabajar por los más pobres de los pobres, el IYP involucra a gente joven para construir apoyo para los objetivos de Oxfam y su filosofía participativa en el trabajo por el desarrollo de la comunidad. El IYP corporiza muchos de los valores centrales de Oxfam y persigue el objetivo de una "ciudadanía global" (entrevista electrónica).

Para ello, según May Miller-Dawkins, el IYP pasa a ser la bandera juvenil de Oxfam buscando ser el modelo que impulse el incremento en la participación de jóvenes en todos los niveles de trabajo de la organización. En otras palabras, el IYP es un foro y una red global centralizada (en Oxfam Australia) que busca favorecer la difusión de la voz de los jóvenes activistas y voluntarios que participaron del foro. Es una red virtual, dirigida por el personal político-administrativo del IYP en Sydney. La Internet en este caso no constituye más que un medio para impulsar acciones conjuntas, conectar y vincular. No es una forma organizativa *per se*, que favorezca la horizontalidad y descentralización como sucedía con el caso de los grupos autonomistas. La Internet se presenta en todos los casos como un instrumento comunicativo maleable. Como ya vimos, responde a los intereses de quienes la utilizan, pudiendo representar principios como los de descentralización y horizontalidad. Pero también favoreciendo la centralización como sucede en este caso, y como Nicolás vaticina para Amnistía Internacional.

Como muestra la estructura organizativa del IYP (ver Cuadro X) las decisiones en la organización son tomadas por adultos que conforman el personal político-administrativo, centralizadas por el Coordinador. Los jóvenes participantes de cada foro integran los Comités Consultivos de jóvenes (*International Steering Committee*) y de jóvenes indígenas (*Indigenous Reference Group*). Estos comités, a diferencia del IYP realizado en 2000, en 2004 fueron conformados por miembros electos por los demás participantes durante el foro. Este criterio favorece la representatividad de sus miembros y ofrece la posibilidad de constituir canales de rendición de cuentas. Son comités que funcionan sobre una estructura virtual (en el marco de la red) y son consultados por el Coordinador y los coordinadores de los equipos sobre la base de las necesidades e iniciativas que se impulsen desde Australia.

Este modelo organizativo es el más difundido entre las ONG y movimientos que buscan incluir algún tipo de participación de los jóvenes (por ejemplo, el *Youth Advisory Committee* de la Conferencia de ONG en Relación Consultiva con las Naciones Unidas [CONGO]). Es, a su vez, el modelo de participación que se utiliza con más frecuencia en los organismos vinculados con la ONU o con los gobiernos nacionales (los parlamentos o consejos juveniles). Este modelo, que se opone al de la YWCA, es de tipo "sectorizado". Es decir, la participación es acotada y restringida a la consultoría o la propuesta no-resolutiva en un espacio específico para su participación, liderando los procesos y dirigiendo la organización los adultos.

Estos espacios de participación son importantes ya que favorecen el vínculo y permiten algún tipo de incidencia en la asociación, pero mantienen a los participantes fuera del círculo "duro" de la organización. Como Rodríguez argumenta: "[…] es importante ir más allá de la creación de 'espacios específicos para la participación juvenil' (casas de juventud, consejos de juventud, etc.) que tienen un gran valor en términos de socialización juvenil, pero que muchas veces termina aislando aún más a los jóvenes" (2004: 6). Esto impide que una red como el IYP genere algún tipo de pertenencia más profunda hacia Oxfam o sus iniciativas. Es importante recordar que no existe el modelo de participación ideal, pudiendo ser este tipo un instrumento útil en una organización en red, centralizada e internacional. De todas maneras, la YWCA ofrece muestras de las posibilidades de ensayar proyectos más "inclusivos". También en los casos de ATTAC vemos que la participación indiferenciada en las estructuras de la institución puede, a su vez, ofrecer mucho más en términos de la vinculación biográfica en ese "ida y vuelta" que muchos jóvenes valoran al participar.

La participación en consejos consultivos es una de las formas de involucramiento institucional más baja (entre las no manipulativas o meramente decorativas) y que menos responde a las expectativas que los jóvenes parecen tener, como comenta una joven de Panamá:

> Ser escuchada, aprender, participar, ganar experiencia, poder compartir y enseñar a los demás, y poder colaborar con el bienestar de mi comunidad y fortalecer los espacios organizacionales en los que participo (Albis, entrevista electrónica).

El IYP se presenta, a diferencia de las demás organizaciones que hemos estudiado aquí, como una organización para jóvenes. A diferencia de todos los demás casos, la juventud es su foco específico de acción. Esta cualidad es, por tanto, articulada con el hecho de ser un agrupamiento que no es *de* jóvenes (como los grupos autonomistas o las tribus urbanas) o *con* jóvenes (como ATTAC, Amnistía Internacional, Amigos de Talas, etc.), sino *para* jóvenes. Es un foro y red global

Cuadro X: Estructura organizativa del International Youth Parliament – Oxfam Australia

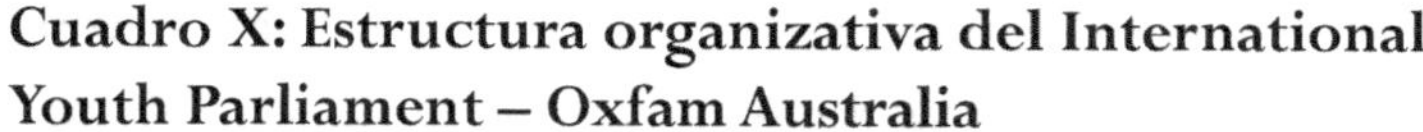

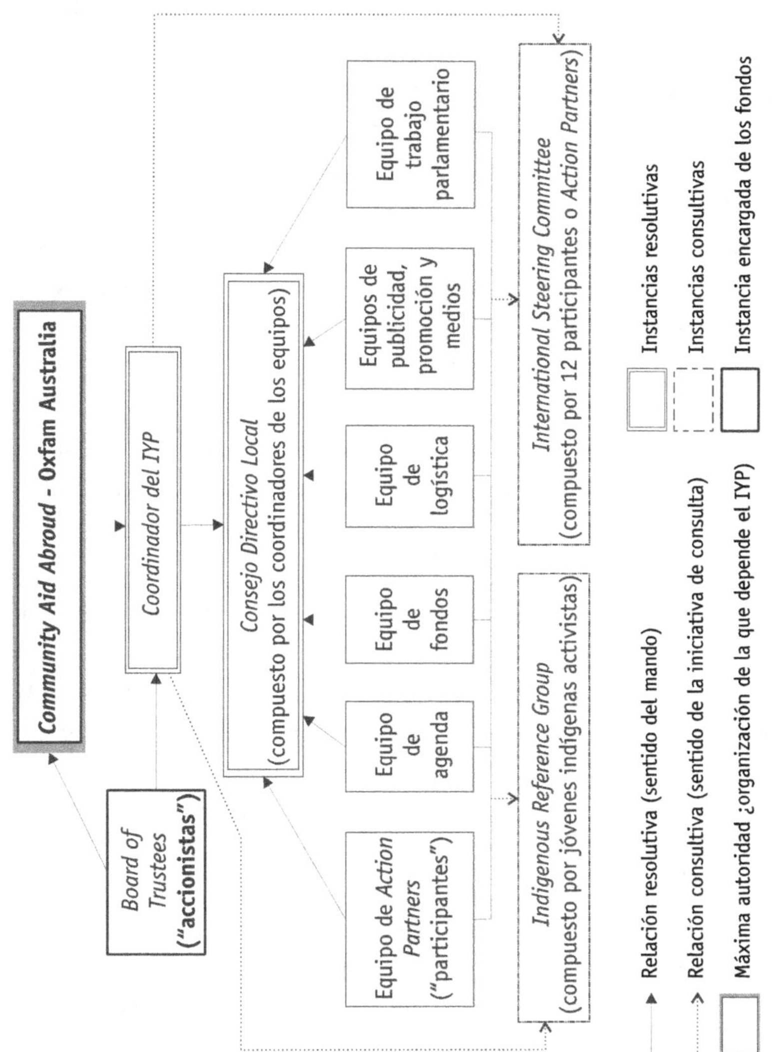

<u>Nota</u>: la referencia a los equipos de trabajo es ilustrativa y refleja únicamente los principales equipos existentes.

Fuentes: www.iyp.oxfam.org; entrevistas (octubre-diciembre 2004); International Youth Parliament 2000 Organisational Chart (2000).

centralizada que tiene como objeto favorecer la difusión de la voz de las juventudes activistas y voluntarias, así como apoyar sus proyectos.

En la dirección de instituirse como canal de voz, el IYP durante 2003 impulsó un programa para hacer oír la opinión de los jóvenes con respecto a los impactos de la globalización sobre sus vidas y sus propuestas de acción alternativas. Este proyecto, liderado desde el equipo de Australia, integró en forma consultiva a los participantes del IYP 2000 (Arvanitakis, 2003: 10) y redactó un informe sobre la base de 400 respuestas de jóvenes y expertos en juventud. Este informe fue presentado durante los debates sobre juventud desarrollados en la 41ª Sesión de la Comisión Económica y Social de la ONU (ECOSOC) (ver Rossi, 2003). Como dice el informe:

> [A diferencia de otros proyectos sobre la globalización] este informe […] presenta "nuevas voces". Mientras el conocimiento experto de muchos académicos, líderes mundiales y comentadores en los medios es valorado, hay pocas oportunidades para que la voz de los jóvenes sea oída (Arvanitakis, 2003: 5).

Este caso muestra otra de las formas de participación de los jóvenes, tal vez una menos imbricada en las redes institucionales, pero que permite que aquellos que no tienen canales para expresar su voz puedan hacerla llegar junto a la de otros en el espacio internacional. Es un tipo de participación dirigida por adultos para los jóvenes. Es una forma más limitada, pero es también la más utilizada.

2.10. Síntesis

Como vimos en el estudio de los casos en el curso del capítulo, no es posible afirmar que exista una organización ideal para la participación de las juventudes. En este punto de nuestro análisis, es claro que el modelo de organización o agrupamiento más efectivo para el involucramiento de las juventudes depende de una multiplicidad de variables que deben ser simultáneamente consideradas. A pesar de lo que algunos afirman, no parece ser cierto que el tipo de institución más efectiva sea la descentralizada e informal. Este tipo de agrupamiento resulta atractivo para jóvenes que se congregan bajo principios filosófico-políticos donde la experimentación de modelos informales y/o descentralizados resulta su *leitmotiv*. También es un formato que es propio de las tribus urbanas, aunque es improbable que éstas carezcan de jerarquías.

En cambio, hay organizaciones, redes o movimientos que resultan atractivos para los diferentes jóvenes, dependiendo de los intereses biográficos-profesionales, sus historias de vida, la coyuntura en la que se insertan (sus clivajes políticos, los ciclos de protesta y los ejes que analizaremos en el capítulo 3), el interés por experimentar con el cuerpo sus principios y valores, los antagonistas y problemas globales e inmediatos que reconozcan.

También vimos que las redes estudiantiles, la familia (incluso como transmisor del interés por el activismo y la política) y la Internet resultan los canales que más frecuentemente los acercan a las organizaciones y el activismo. Pero que su acercamiento y permanencia en el círculo "duro" de la organización no está directamente relacionado con la burocratización de la organización (si no hay algún impedimento por principios) sino por otras variables: 1. La posibilidad de autorrealizarse en un "ida y vuelta" con la construcción de un mundo mejor (o el enriquecimiento de la organización); 2. El poder ver resultados de las acciones que se impulsen en una organización que resulte proactiva y con propuestas "concretas" y; 3. El respeto y preeminencia de la alteridad del sujeto, no debiendo renunciar a ella por el colectivo.

La relación entre el activismo y el desarrollo biográfico-profesional es sumamente importante como factor de atracción y de permanencia. Puede incluso actuar como disparador vocacional. Este factor es el que más tiende a favorecer el acercamiento al círculo "duro", y su permanencia está también relacionada con el despliegue simultáneo de las variables mencionadas en el párrafo anterior. Igualmente, también vimos que es necesario reconocer diversos alcances de participación, los cuales resultan importantes en diferentes circunstancias y para "cubrir" diversas tareas que requiere cualquier organización. En este sentido vimos, además, un nuevo tipo de participación, el *e-activismo*, reconociendo sus atributos específicos.

Por un lado, en los casos de los grupos autonomistas y las tribus urbanas se presenta un deseo de agruparse con pares para expresarse en códigos y lenguajes propios, en un *ser con los otros*. Por otro lado, en todos los casos no parece que los jóvenes busquen ser reconocidos políticamente como "juventud", y –excepto por las tribus y grupos autonomistas– tienden a buscar ser incluidos como pares, imbricándose en la telaraña institucional y social donde viven y participan. Como dice un joven de Filipinas:

> Yo no veo un tal mundo adulto opuesto a un mundo juvenil. [En] Mi experiencia como director ejecutivo en el Consejo Multisectorial [de la ciudad de Naga] (…) trabajo con ancianos, granjeros, pobres urbanos… Entonces para mí es más un proceso de aprendizaje compartido: yo aprendo con ellos, ellos aprenden conmigo (eso espero) (David, Panel IYF 14th Annual Meeting, Buenos Aires, octubre de 2004).

En todos los casos aquí presentados enfatizan que la condición juvenil es transitoria, y la participación juvenil no es reconocida como un fin en sí mismo. Para algunos es un medio para la formación futura, en otros directamente resulta irrelevante. En todos ellos (incluidos los grupos autonomistas y las tribus urbanas) la condición juvenil no estructura la participación política.

Como sugieren los casos aquí analizados, resulta relevante notar que los jóvenes parecerían presentar una reconceptualización del compromiso que implica la participación. Ésta ya no representa un deber, no se es fiel a la organización. La fidelidad es a la "causa" y a los principios individuales. Las organizaciones y colectivos son canales, si estos dejan de ser eficientes o pierden alguno de los atributos que atraían no creen que tenga sentido sostenerlos o permanecer en ellos.

Así mismo, a pesar de todas estas particularidades, los jóvenes generalmente no estructuran clivajes sociopolíticos "nuevos" o que los diferencien de los demás grupos etarios (esto podrá clarificarse más en el siguiente capítulo con la consideración de los cuatro ejes societales). Donde se presentan con una mayor diferenciación en su agrupamiento es en las formas de participación: se muestran como más radicales, menos diplomáticos y muy interesados por asegurarse que tales formas sean precisas y respondan a sus intereses y principios. Esto, aunque no es la opinión compartida por todos, algunos jóvenes lo consideran propio de la falta de experiencia (lo que implicaría aceptar algunas limitaciones preexistentes):

> El hecho de ser joven no te garantiza nada, por el contrario, el ser joven te hace querer llevarte por delante muchas cosas, y no ver que antes que vos llegaras hay atrás otras realidades previas, hay otras construcciones previas. Yo creo que el joven a veces entra con la cabeza muy en alto, entra llevándose el mundo por delante, diciendo "acá llegué yo y el mundo empieza hoy". No, el mundo empezó mucho antes, primero aprende... hay gente que viene *laburando* [trabajando] hace muchos, muchos años, muy *grossas* [importantes]... y que sirven (Patricia, entrevista).

Las diferentes organizaciones (*de*, *con* y *para* jóvenes) que vimos poseen la cualidad de integrarlos de diversas maneras. Algunas "sectorizadamente" (IYP), otras por discriminación positiva (YWCA) y la mayoría sin diferenciación (ATTAC, Amnistía Internacional, Amigos de Talas). A pesar de que el tipo "sectorizado" de participación es el que mantiene a los jóvenes más aislados del círculo "duro" de la organización, en todos los casos ningún tipo de participación favorece que necesariamente los jóvenes sean lo que los adultos en muchos casos añoran de ellos mismos: el motor del cambio y la innovación. Muchos jóvenes incluso se encuentran insertos en instancias de decisión muy importantes porque justamente no son cuestionadores del *statu quo*. Por ejemplo, al preguntársele qué debieran cambiar los jóvenes para poder alcanzar un más alto nivel de influencia y participación, una joven de Rusia responde:

> Yo creo que deben ser menos radicales y más diplomáticos, y tratar de no oponer sus visiones a las de los adultos. Así, habrá más apoyo de los adultos, y será posible tener un más útil resultado (Masha, entrevista electrónica).

Esta visión es una más de tantas posibles, todas ofreciendo alternativas de transformación social diferentes, pero lo que resulta importante —y pocas veces es puesto en discusión entre los expertos en juventud— es el *para qué* de la participación de las juventudes. Aunque es improbable la posibilidad de afirmar qué tipo de participación favorece más un dado tipo de transformación social, es importante —en un sentido político— hacerse las preguntas que el presidente de la YMCA de Argentina formula:

> ¿Qué jóvenes llegan a posiciones de responsabilidad, de dirección, de protagonismo? ¿Los jóvenes contestatarios o los jóvenes que mejor se adecuan al *statu quo* de la dirigencia adulta? Este es un interrogante que uno debe hacerse siempre... No sea cuestión que los jóvenes que llegan a posiciones de conducción o de dirección sean aquellos que ocasionen menos trastornos al *statu quo* (Norberto Rodríguez, entrevista).

CAPÍTULO 3
ESTUDIO DE DINÁMICAS
SOCIALES Y POLÍTICAS

"No es bueno ser joven *per se*.
Ni ser viejo y tener mucha experiencia es bueno *per se*.
Vos tenés que combinarte (…) con todos los grupos etarios"

Patricia, ATTAC de Argentina (entrevista)

3.1. Introducción

Hasta ahora hemos estudiado la participación de las juventudes con un foco en los sujetos y, salvo el caso de ATTAC, no hemos vinculado en detalle a los jóvenes con las dinámicas políticas y sociales en las que se encuentran inmersos. En este capítulo estudiaremos la participación juvenil con un énfasis societal y por medio de una serie de casos. Sólo así podremos tener una comprensión cabal de lo que estamos estudiando en esta obra, explorando con un poco más de profundidad cómo debe ser considerada la participación de los jóvenes en el marco de procesos políticos y relaciones sociales más amplios.

En este capítulo nos enfocaremos muy brevemente al seguimiento y desarrollo introductorio de cuatro grandes ejes, los cuales responden a interrogantes transversales que deberían incluirse en el debate sobre la participación política de las juventudes. Cada uno será estudiado tomando las dinámicas que predominan (o predominaron) en diversos países, sin profundizar en los acontecimientos históricos sino extrayendo de ellos los elementos que permitan ilustran de forma parsimoniosa los cuatro ejes. A diferencia de en el capítulo anterior, en esta sección nos enfocaremos en dimensiones que deben ser consideradas a nivel macro. Esto debe ser sopesado en relación con las variables que en el capítulo anterior hemos analizado con foco en el sujeto. Es el objeto de este capítulo enriquecer el análisis ya desarrollado, evitando aislar analíticamente al sujeto joven de las especificidades de su contexto. Los cuatro ejes son:

1. Las fluctuaciones en la activación electoral de los jóvenes (casos Chile y Eslovaquia);
2. La inscripción política de las juventudes y su relación con las dinámicas políticas y los ciclos de protesta (caso Sudáfrica);
3. La educación y su constitución como el principal reclamo sectorial de la juventud (casos Sudáfrica y Tailandia);
4. Las relaciones entre el Estado y la sociedad como cimiento para la comprensión de las formas y posibilidades de participación para los jóvenes en sus respectivos contextos específicos (casos China, Singapur y Eslovaquia).

Recuperaremos aquí el segundo eje al que hicimos alusión en el capítulo anterior, pero que no hemos desarrollado con la misma profundidad que el primero. Es decir, aquí nos enfocaremos en el análisis de casos que ilustran el siguiente argumento: como la condición juvenil no es un ente autónomo del entorno y clivajes sociopolíticos que definen los conflictos de una sociedad, es posible afirmar que los jóvenes también se activarán políticamente ante coyunturas críticas donde los sujetos interpreten que se definen de forma radical los fundamentos básicos de la humanidad (o nación) y/o sus modos de vida (presentes y futuros) en el tiempo presente. Esta activación puede ser electoral o de movilización social (la que no necesariamente lleva a su organización en instituciones de algún tipo). En particular en los ejes dos y cuatro, su foco será puesto en analizar cómo la activación política, así como lo son las formas de participación, es también producto de un *stock* de opciones disponibles.

También veremos que si son coyunturas críticas las que activan la participación juvenil, también (cuando hablamos de la movilización social) existen cuatro circunstancias genéricas (de las que sólo analizaremos las dos primeras) que es posible apreciar como las que con más frecuencia los desmovilizan:

1. Los ciclos de protesta (con sus picos descendentes, algo que ya analizamos en el caso de ATTAC, pero aquí veremos con foco en las dinámicas sociales y políticas);
2. El logro del objetivo que movilizó o el fin de la percepción de amenaza (no siempre el fin de un período de movilización es producto de apatía o fracaso);
3. La rutinización de la protesta o su "esclerotización en convención" (Tarrow, 1997) perdiendo su valor disruptivo. Esto fomenta la percepción de que el cambio no es abrupto y en tiempo presente, sino un proceso largo y que puede incluir negociaciones de cúpulas;
4. En muchos casos, la fuerte represión o persecución estatal.

Por lo tanto, si la acción colectiva y/o activación política individual (por ejemplo, votar) no se deduce de la condición social (el ser joven), sino de un nivel sistémico de problemas (las dinámicas sociales y políticas y sus coyunturas críticas), la pregunta que guiará este capítulo será: *¿en qué condiciones coyunturales (y bajo qué restricciones) los elementos de la condición juvenil son susceptibles de activarse, transformando a los jóvenes en actores que impulsen algún tipo de acción colectiva (o el sufragar)?*

3.2. Las fluctuaciones en la participación electoral de los jóvenes

En este apartado, a diferencia de todo el capítulo anterior, analizaremos las fluctuaciones en la participación electoral de los jóvenes en general, no sólo de aquellos que ya se encuentran activos en agrupamientos políticos de cualquier tipo.

Chile 1988-2004: las restricciones institucionales y políticas a la democratización

En Chile, desde el inicio del proceso de democratización, surgió un debate muy prolífico en torno a la creciente apatía electoral de los jóvenes chilenos. Estos debates se sostienen en las cualidades del proceso de democratización chileno, así como en las especificidades del sistema de inscripción electoral.

En 1990, luego de diecisiete años de una férrea dictadura, con miles de muertos y desaparecidos y la imposición de un régimen neoliberal ortodoxo, Augusto Pinochet deja el poder político en manos de un gobierno electo democráticamente. A diferencia de la Argentina, donde la democratización es producto del colapso político-económico, en Chile la transición no se inicia porque el régimen se agota. Pinochet, una vez impuesto un modelo económico bajo los patrones del Consenso de Washington y haber reformulado todo el patrón político heredado del gobierno de Salvador Allende (derrocado en 1973), abandona el poder al ser derrotado en un plebiscito.

En 1988, el dictador impulsa un plebiscito con el fin de legitimar un mandato legal de ocho años como presidente, luego del cual abandonaría el cargo y se convocaría a elecciones. Si resultaba derrotado, se convocaría a elecciones presidenciales inmediatamente, y la transición democrática comenzaría. Fueron los incentivos que generó la búsqueda por derrotar a Pinochet los que impulsaron la creación de una coalición de los 17 principales partidos (sin la derecha), llamada Concertación por la Democracia. La ajustada victoria (56% de votos por el rechazo al mandato "extendido" de Pinochet), presentaba un escenario donde convivía la derrota del dictador, con fuertes limitaciones institucionales.

La Constitución de 1988, impuesta por el régimen militar, fue concebida con el deliberado objetivo de preservar el control de instituciones clave, tanto por el poder militar como por la derecha aliada. Pinochet, hasta 1998, ejerció el cargo de jefe inamovible de las fuerzas armadas (las cuales son autárquicas) y por sobre la autoridad del presidente existe el Consejo de Seguridad Nacional (integrado, en parte, por el presidente y los cuatro comandantes en jefe de las fuerzas armadas). La Corte Suprema de Justicia fue conformada por jueces designados por el dictador, los cuales no pueden ser removidos de su cargo sin el previo consentimiento de la derecha. Entre los bienes del Estado, los medios de comunicación (radio y TV) fueron distribuidos entre aliados políticos. Además, fue elaborado un complejo sistema electoral para favorecer en la distribución de bancas a la derecha, en desmedro de la primera fuerza (que desde 1988 ha sido la Concertación) y los demás partidos (la tercera fuerza es siempre extraparlamentaria). Este complejo sistema, que no es objeto de nuestro análisis aquí, incluye reformulaciones al sistema de empadronamiento. Desde 1988 el voto en Chile es obligatorio sólo para aquellos que previamente se hayan inscripto en el padrón electoral. Es decir, mientras el voto es obligatorio para todos los mayores de 18 años inscriptos, la inscripción electoral no lo es, ni es automática.

Los jóvenes y la apatía electoral en Chile

Los datos que ofrecen los registros electorales desde 1988 hasta 2004 (Cuadro XI), son elocuentes sobre el claro descenso en la inscripción electoral. Por ejemplo, mientras en 1988 los jóvenes (entendidos como personas de entre dieciocho y veintinueve años) sumaban 35,99% del padrón, en 2004 eran sólo 8,92%.

Cuadro XI: Porcentaje de jóvenes (18 - 29 años) inscriptos en el padrón electoral por tipo de elección en Chile (1988-2004)

Año	Tipo de elección	Porcentaje de jóvenes
1988	Plebiscito	35,99%
1989	Presidencial y parlamentaria	33,44%
1992	Municipal	29,94%
1993	Presidencial y parlamentaria	28,58%
1996	Municipal	22,26%
1997	Parlamentaria	19,88%
1999	Presidencial	16,05%
2000	Municipal	14,56%
2001	Parlamentaria	13,01%
2004	Municipal	8,92%

Fuente: elaborado en base a datos del Centro de Documentación del Servicio Electoral de Chile (www.servel.cl).

Ante este fenómeno se han ensayado diversas explicaciones, las que pueden dividirse entre aquellas sistémicas (que consideran que los cambios sufridos por el sistema sociopolítico son la causa) y otras con un enfoque en el sujeto (que ven en actitudes de los jóvenes una manifestación hacia el sistema).

Algunas de las explicaciones de tipo sistémico enfatizan que este patrón de decrecimiento en la inscripción electoral responde a un hecho normal observado en muchos países, producto de la estabilización democrática en naciones donde se ha logrado un crecimiento económico sostenido (Lehmann, 1998). Para otros autores (Lechner, 1995; Garretón, 2002; 2004), esto es producto de la pérdida de centralidad que ha experimentado la esfera política, cada vez representando menos a la sociedad. Los partidos cada vez más son parte de un proceso de autorreproducción y autorreferencialidad, perdiendo muchas de sus funciones de portadores de demandas sociales (Valenzuela, 1994). Ambos procesos, conexos, pueden enmarcarse en las transformaciones más profundas de las que hemos dado cuenta en el primer capítulo. Por tanto, esto motiva que los jóvenes busquen otras formas de inscripción política (ver introducción del capítulo 2).

Las visiones con foco en los sujetos, en cambio, encuentran que la explicación de esta tendencia se debe a que los jóvenes cada vez más rechazan participar en la política institucional (partidos, sindicatos, etc.), pero no por ello se oponen a la participación social y política en general, ya que se han reformulado muchos de los patrones que hacen al desarrollo de la propia individualidad como hemos argumentado en la introducción del capítulo 2 (Beck, 1999). Esto puede ser una impugnación a la efectividad misma del entramado institucional (Cruz, 1998), o consecuencia de no verse involucrados como sujetos, al no ver beneficios tangibles y encontrar propuestas cercanas a sus realidades (Fernández, 2000).

Todas estas explicaciones, a las que muchas veces se las presenta como alternativas, en una observación más compleja de la realidad —integrando los factores del sistema con los del sujeto— resultan complementarias.

Volviendo al foco de nuestro interés, aquí lo que deseamos dilucidar es cuándo y por qué se produce una mayor activación política entre los jóvenes, en particular la que se expresa electoralmente. Si observamos los datos de inscripción de 1988 y los comparamos con todos los demás, vemos que en este caso hay un nivel de inscripción electoral que supera en casi cuatro veces al de 2004. Más allá del evidente descenso, la masiva participación de 1988 no es azarosa, y nos ofrece más respuestas sobre qué activa a los jóvenes.

En 1988, como ya dijimos, el plebiscito no era uno donde se decidiera alguna reforma puntual en la legislación. Este plebiscito conllevaba una definición substancial sobre el régimen que Chile tendría por los próximos años. Implicaba una definición radical y en tiempo presente (y con un impacto claro) sobre el deseo de continuar bajo un régimen autoritario o iniciar la senda de la democracia. Comprendía una disputa sobre el tipo de sociedad en la que los jóvenes deseaban vivir. Esto llevó a una masiva inscripción y voto, incluso a pesar de los largos años de falta de democracia, lo que acarreó que muchos se enfrentaran con esta experiencia por primera vez en sus vidas.

En todas las siguientes elecciones va descendiendo la inscripción, pero en todas ellas las definiciones son solamente sobre quién ocupará un cargo en un entramado institucional ya asentado. Es la combinación de los factores sistémicos con los individuales los que pueden explicar el descenso, pero ¿por qué sin experiencia previa hubo una masiva participación en 1988? Una interpretación posible es que se debió a que las perspectivas presentes y futuras de la sociedad chilena (y las añoranzas sobre la constitución de una democracia) parecían estar en juego. Al menos hasta 1993 puede considerarse que existe alguna estabilidad (en descenso). Luego de repetidos ensayos electorales este descenso podría señalar la reiterada frustración que produce el ver que los recambios de las figuras que ocuparán los cargos no implican definiciones sustanciales, no estando nunca en juego la democracia institucional (o poliarquía) ni ningún otro patrón básico.

Eslovaquia 1998: la "Segunda Revolución de Terciopelo"

Más allá de las diferencias entre el sistema político y electoral chileno (presidencialismo con sistema de inscripción voluntaria) y el sistema político y electoral eslovaco (hasta 1998, parlamentarismo con sistema de inscripción automático), los jóvenes muestran patrones como los estudiados.

El 1° de enero de 1993 surge Eslovaquia como un país independiente, producto de la disolución pacífica de Checoslovaquia. Desde ese entonces y hasta 1998 (sólo con la excepción de nueve meses en 1994) gobernará Vladimír Mečiar, líder populista y nacionalista del Movimiento por una Eslovaquia Democrática (HZDS). El gobierno de Mečiar, a medida que pasan los años, va constituyéndose en una autocracia nacionalista con características autoritarias y seudoracistas (hay persecuciones a húngaros y gitanos). Aunque el régimen nunca llega a niveles como los de Slobodan Milošević en Serbia, el gobierno de Mečiar logró sostenerse en el poder tanto gracias al voto rural como a muchas restricciones impuestas a las libertades políticas y civiles básicas (Bútora y Bútorová, 1999: 85, 87-88).

El deterioro que este régimen autocrático fue imponiendo a las recién creadas instituciones democráticas, así como la vinculación del gobierno con el crimen organizado y la persecución étnica, favoreció la conformación de una coalición al modelo de la Concertación en Chile. Casi todos los partidos opositores (diez), se unieron en una alianza llamada Coalición Democrática Eslovaca (SDK), buscando derrotar a Mečiar en la elección de 1998.

La importancia de esta elección –similar al plebiscito de 1988 en Chile– era percibida por muchos como la polarización entre la defensa e instauración de un modelo de democracia parlamentaria frente al fortalecimiento de un régimen populista y autocrático, donde las perspectivas de una Eslovaquia democrática eran casi nulas.

> […] la elección en Eslovaquia representaba una severa definición entre continuar el camino autoritario y retornar a las ideas originales de noviembre de 1989 [cuando Checoslovaquia se libera del yugo soviético]: una sociedad abierta, el imperio de la ley, una economía de mercado. En este sentido, uno puede llamar a esta elección como una 'retrasada revolución de terciopelo' (Bútora y Bútorová, 1999: 84).

Más allá de los reparos que podamos tener hacia algunas de las percepciones de estos estudiosos, concordamos con ellos que la polarización y radicalidad de las definiciones en juego eran claras. Es esta misma radicalidad de una definición en tiempo presente del destino de la nación, la que en este caso como en Chile, parecieran haber activado electoralmente a unos jóvenes con apenas cinco años de experiencia en una democracia limitada.

A pesar de las restricciones que Mečiar impuso a la transmisión de la propaganda televisiva de la oposición (la televisión privada tenía prohibido la difusión de actividades proselitistas, y la estatal durante las dos primeras semanas ocupó 61% de sus emisiones en actividades del gobierno, frente a 15,2% en propuestas de la oposición, según datos de Bútora y Bútorová, 1999: 88), e incluso, a pesar de la reforma a la ley electoral que dispuso el partido de Mečiar (la HZDS) cuatro meses antes de la elección, obligando a la coalición SDK a constituirse en un único partido (Bútora y Bútorová, 1999: 87). Los jóvenes asistieron a votar en proporciones mayores a las históricamente registradas. De los jóvenes en edad de votar, 84 % asistieron a las urnas y, según las encuestas a boca de urna, 70% de estos lo hicieron por la SDK, frente a 24% para la coalición de Mečiar (Bútora y Bútorová, 1999: 82). Finalmente, Mečiar debió retirarse, triunfando la SDK.

Ambos casos nos sugieren que el aparente desinterés de los jóvenes por el sufragar no pareciera radicar en un sistémico cuestionamiento a la política, sino a la activación selectiva que emerge ante escenarios en los que el voto parece tener un claro impacto biográfico y sistémico, cuando se percibe que el implicarse electoralmente representa un involucramiento como sujeto ya que parece estar definiéndose el presente y futuro de manera clara y radical. En otras palabras, vinculando esta segunda dimensión sobre la activación ante coyunturas críticas con la primera sobre la relación biográfica (analizada en el anterior capítulo), creemos que la motivación personal de aquel sujeto que se activa políticamente ante coyunturas como el proceso de democratización en Chile o los riesgos de un autócrata en Eslovaquia pueden radicar en ver en el presente que vivir en este mundo (si no se altera lo que se considera errado) es algo indeseable y atañe a su individual existencia hoy, pero principalmente a la perspectiva futura que ve para sí en el planeta (o la nación).

3.3. La inscripción política de las juventudes y su relación con las dinámicas políticas y los ciclos de protesta

En este apartado analizaremos el caso de Sudáfrica en comparación con el de Tailandia, con el fin de ilustrar cómo la inserción de los jóvenes en las relaciones sociales e históricas es una variable que debe ser considerada para comprender por qué y qué temas de la agenda inscriben políticamente a los jóvenes.

*Sudáfrica: ciclo de protesta 1976-1995, el movimiento anti-*apartheid

Las protestas de unos veinte mil estudiantes primarios y secundarios de Soweto, el 16 de junio de 1976, es el puntapié inicial de este ciclo de protesta. La activación de estos estudiantes se debió a la política educativa impulsada por el régimen de *apartheid*. Las nuevas normas que se rechazaban estipulaban quela población negra debía estudiar únicamente en afrikáans. Esta protesta, que comenzó como una revuelta estudiantil por sus intereses sectoriales, desembocó en la base del movimiento anti-*apartheid* (Mokwena, 2004: 4).

Luego de varios años de movilización, el punto más álgido del ciclo se vivió durante la década de 1980. En este escenario de generalizada protesta contra el régimen,

> Aunque la educación se mantuvo como un tema político crítico, la gente joven comenzó a tomar las luchas más amplias de la comunidad [participando] alrededor de temas como la renta, el transporte, el ataque a los gobiernos locales títeres [del régimen] y demandando la liberación de presos políticos, entre otras cosas. La gente joven también se alineó activamente con los sindicatos y las estructuras cívicas (Mokwena, 2004: 5).

Esta participación masiva de los jóvenes, la mayoría de los cuales se había vinculado al Congreso Nacional Africano (ACN) (McAdam, Tarrow y Tilly, 2001: 154), se inscribía en la interpretación de que el régimen de *apartheid* resultaba intolerable, pero también porque:

> Desde la perspectiva de los jóvenes, este era un tiempo de euforia
> así como de terror. Habían adquirido un nuevo sentido del poder y
> una visión del futuro. Se veían a sí mismos liderando hacia la libertad
> a las generaciones mayores. La liberación estaba en la mira y ellos
> eran los autores de ella (Mokwena, 2004: 5).

Luego de casi quince años de lucha y el bloqueo internacional, en 1989 el grupo que sostenía al gobierno, el Partido Nacionalista (PN), decidió negociar un proceso de paulatina apertura y democratización de las instituciones. Este proceso de democratización fue trasladando el núcleo político de las calles a las negociaciones de cúpulas entre el ACN y el PN, produciéndose paulatinamente la desmovilización y el cierre del ciclo de protesta que dio origen al movimiento anti-*apartheid*.

Ciclo de protesta 1998-hoy: el movimiento por la inscripción política de los infectados con el VIH-SIDA

A fines del siglo XX, Sudáfrica se encontraba en pleno proceso de democratización, en el mundo había finalizado la Guerra Fría y desaparecido la Unión Soviética. En este nuevo escenario mundial surge un inédito conflicto sociopolítico que rearticulará las dinámicas políticas y la acción colectiva.

En Sudáfrica la pandemia del VIH-SIDA ha literalmente reconfigurado el mapa demográfico del país. De un total de 43.792.000 habitantes, 20,1% tiene VIH-SIDA, y de ese guarismo 30,8% son mujeres de entre quince y veinticuatro años (UNICEF–UNAIDS–WHO, 2003: 44, tabla 1). Incluso, en algunas regiones del país la expectativa de vida promedio se ha reducido a treinta y cinco años. El impacto en Sudáfrica de esta pandemia es alarmante. Se cree que más de un millón y medio de sudafricanos han muerto de enfermedades vinculadas al VIH-SIDA entre el año 2000 y fines de 2005. Unos ciento treinta mil niños contraen el virus por año, y dada la situación se cree que para el año 2010 habrá dos millones de niños huérfanos (Treatment Action Campaign, 2004: 3). La magnitud de este fenómeno ha implicado que las relaciones familiares se hayan alterado llevando a que, como dice Kumi Naidoo, presidente de CIVICUS:

> En África, donde la pandemia del VIH-SIDA ha disecado un gran número de países, donde tenemos tantos adolescentes sostén de hogar porque ambos padres han muerto... Estos jóvenes son adultos. Son adultos de sensibilidad. Están liderando sus familias... Ya son líderes, no están esperando para liderar mañana. Entonces, yo pienso que es un sin sentido cultural [seguir sosteniendo que los jóvenes son el futuro]... que afecta el potencial de la gente joven (entrevista).

En el marco de una democratización institucional ya concluida y el fin de los metarelatos que estructuraban grandes grupos en torno a un movimiento por la transformación global de la sociedad (todos procesos de los que ya hemos dado cuenta en el primer capítulo y en reiteradas oportunidades), los jóvenes en Sudáfrica se inscriben como sujetos políticos principalmente ante un tema específico que está directamente vinculado a sus historias de vida. El movimiento por el tratamiento global de los infectados con el VIH-SIDA es el que nuclea la mayor participación política en general, y en especial entre los jóvenes infectados. En este movimiento, la organización más importante es *Treatment Action Campaign* (TAC).

La TAC surgió en diciembre de 1998, cuando un grupo de 15 personas protestaron en la escalinata de la Catedral de San Jorge, en Ciudad del Cabo. Este pequeño grupo reclamaba, en el día internacional de los derechos humanos, que se le diera tratamiento médico a la gente viviendo con VIH-SIDA. Los ahí reunidos juntaban firmas para exigir al gobierno un plan nacional de tratamiento para los infectados, a esta cruzada la llamaron Campaña de Acción por el Tratamiento (en inglés, *Treatment Action Campaign*). Esta campaña era impulsada originalmente como un proyecto bajo los auspicios de la *National Association of People with AIDS* (Napwa). Pese a originarse como una campaña, luego de dos años, se ha inscripto como una organización independiente, constituyendo la punta de lanza del movimiento por la inscripción política de los infectados con VIH-SIDA (Treatment Action Campaign, 2004: 2).

Aunque el grueso de los activistas de TAC están infectados, muchos de los que lideran el movimiento no lo están. Este movimiento, aunque no es parte de algún partido y es producto de la activación de gente con el virus y sin experiencia política previa, también es –principalmente entre sus líderes– producto de la organización de ex activistas del movimiento anti-*apartheid* o militantes vinculados al Partido Comunista de Sudáfrica. Es decir, aunque la TAC es producto de un nuevo clivaje, existe un nexo entre los actores del ciclo de protesta de 1976-1995 y el actual. Este nexo es el de las redes de activistas preexistentes, las que se activaron en respuesta a esta nueva coyuntura crítica, adoptando las especificidades del nuevo contexto nacional y mundial:

> Encuentro en el que hoy la gente, los jóvenes pero también los adultos, tienden a utilizar sus energías y activismo más en pos de causas específicas antes que enfrentar las grandes preguntas sobre la democracia, la gobernanza y el hecho de que las instituciones globales tienen poder pero no están dirigidas democráticamente. La gente ve estos temas tan lejanos y difíciles de cambiar que se enfocan en temas específicos, los cuales pueden ser comprendidos en las diferentes partes [puntuales] del tema [por ejemplo, la lucha contra las minas antipersonales] (Kumi Naidoo, entrevista).

En este caso vemos como –aunque obvio, pocas veces considerado en los estudios de las juventudes– los sujetos en condición juvenil se inscriben políticamente mayormente al igual que el resto de los grupos etarios: en torno al (o los) conflicto(s) sociopolítico(s) que atraviesan de manera transversal a toda la sociedad. Y esta inscripción utiliza las herramientas y se expresa dentro de los marcos interpretativos que imperan en el contexto donde se desenvuelven. En otras palabras, esperar en los jóvenes acción global y con una perspectiva de sistema es pretender un tipo de acción colectiva que, aunque existe, es minoritaria incluso entre los adultos activistas. Como hemos visto en el capítulo 2, existen especificidades de la participación e involucramiento de los jóvenes, pero estas deben considerarse en el marco del contexto organizacional y social donde se desenvuelven.

El principal reclamo sectorial de los jóvenes: la educación

En Tailandia, durante el régimen militar de Thanom Kittikajorn (1971- 1987), las libertades políticas eran muy reducidas. Incluso, la gran mayoría de las universidades estaban intervenidas por el gobierno. Esto produjo que se instaurara un sistema de ingreso con examen, lo que llevó a que muchos jóvenes no pudieran acceder a la educación superior. Esta frustración causó que muchos de ellos terminaran incluso suicidándose (International Youth Foundation Report Meeting, 1996: 66).

Debido a estas restricciones fueron constituyéndose entre los estudiantes de Thammasat, y luego de Ramkhamhaeng, diferentes grupos que se oponían al régimen militar. Luego de una protesta pidiendo la renuncia del rector de Ramkhamhaeng, los estudiantes que se manifestaron fueron expulsados. Debido a estos episodios internos a la vida estudiantil, así como debido a las persecuciones ideológicas y la prohibición de expresarse en la universidad que ello conllevó, los jóvenes fueron radicalizando y extendiendo su reclamo. Ahora lo que se solicitaba no era sólo la renuncia del rector, se buscaba también la caída del régimen de Kittikajorn. Este ciclo de movilizaciones crecientes que hemos relatado muy escuetamente, así como la articulación que los estudiantes fueron logrando con otros actores y las presiones internacionales, generaron la caída del dictador luego de 16 años en el poder (International Youth Foundation Report Meeting, 1996).

En este caso —al igual que como vimos con más detalle con los estudiantes de Sudáfrica— los jóvenes vuelven a activarse desde el ámbito estudiantil. En Tailandia, a partir de la Universidad de Thammasat, reclamando el ingreso irrestricto y la autonomía universitaria;

en Soweto, reclamando la enseñanza universal bilingüe; en la Universidad de Concepción (Chile) luchando por la renuncia del decano impuesto por Pinochet (Muñoz Tamayo, 2002); o en Eslovaquia con la tibia movilización por el mejoramiento de la calidad educativa y el rechazo a la tutela estatal (Macháček, 1996). En todos los casos, los que surgieron como conflictos sectoriales (por temáticas estudiantiles) fueron llevando a los jóvenes a involucrarse cada vez más en uno de los reclamos sociopolíticos centrales de su época (en estos casos, la democratización). Lo que queremos decir con esto es que las redes estudiantiles y su activación por reclamos sectoriales son generalmente el disparador de la activación más masiva de los jóvenes (estudiantes) en conflictos macro-sociales. Esto no necesariamente sucede, pero aquí —como en los casos del capítulo 2— advertimos cómo las redes estudiantiles siguen jugando un papel muy importante. Para muchos jóvenes las instituciones educativas representan el principal ámbito de socialización constante durante varios años, pudiendo fomentar redes de solidaridad muy sólidas. Muchas veces, sin embargo, no se expresan como movimiento estudiantil sino que derivan en procesos como los ya estudiados: constitución de grupos autonomistas, la participación de jóvenes *punks* en la toma de la UNAM, el involucramiento en ATTAC Argentina o la estructura internacional de la YWCA.

3.4. Las relaciones entre el Estado y la sociedad: las posibilidades de participación para los jóvenes en sus contextos específicos

Nuestros estudios de caso en el capítulo 2 son de sociedades donde prevalecen las instituciones democráticas y existe un respeto —al menos básico— a los derechos cívicos y políticos. Sin embargo, esta no es la realidad de todo el concierto de naciones. En muchos países, mayormente entre los asiáticos, se da un fenómeno que es el de aumento en las condiciones de bienestar socioeconómico en convivencia con la restricción a las libertades políticas y civiles esenciales. Es por la existencia tanto de estas particularidades como de muchas otras, que es imprescindible considerar el tipo de relación existente entre el Estado y la sociedad para comprender las formas y posibilidades de participación que existen para los jóvenes en sus específicos contextos de inscripción política.

Este apartado no busca ser exhaustivo sobre la complejidad existente en el estudio de las relaciones entre Estado y sociedad. Su objeto es ilustrar otros modelos posibles, con el fin de nuevamente llamar la atención sobre una dimensión o eje que es central para la consideración de la participación de las juventudes.

China: caso estatista, autoritario, de partido-Estado

En China, debido al régimen de partido-Estado, el Partido Comunista Chino (PCCh) es el único órgano político, el que controla desde sus elites al Estado y sus instituciones estatales y para-estatales. En este orden existe una sola organización legalmente autorizada para la participación política de los jóvenes. Esta es la Confederación Nacional de Jóvenes de China, de la que forma parte de la Liga de la Juventud Comunista, que es la rama de jóvenes del PCCh. Debido a esta estructura política, los canales legales de participación son únicos y unidireccionales. Obviamente esto imprime las formas de participación política disponibles. Mientras toda forma de movimiento social es ilegal, incluyendo al movimiento obrero, no existiendo el derecho a huelga (Zheng, 2002: 67), el voluntariado existe canalizado de dos maneras:

1. Por medio de las Asociación de Jóvenes Voluntarios, que depende de la Confederación Nacional de Jóvenes de China (y por lo tanto del PCCh); o
2. Por medio de los diferentes agrupamientos informales, principalmente de estudiantes universitarios, que trabajan por la comunidad (grupos no reconocidos legalmente, pero "tolerados", al no presentarse cuestionando, impugnando o enfrentando al PCCh o al Estado).

Como dice Guang, miembro del directorio de la Fundación China para el Desarrollo de la Juventud, organización sin fines de lucro paraestatal (dependiente de la Confederación Nacional de Jóvenes de China) al preguntársele si ve algún grupo que se presenta a sí mismo considerándose jóvenes y con ciertos derechos particulares a dicha condición:

> Yo creo que tema por tema puede ser que sí... Tenemos sólo la Confederación Nacional de Jóvenes de China, y ellos creen que pueden hacerlo todo... por lo que se supone que no tiene que haber ninguna otra... porque creen que pueden ser representativos de todos los jóvenes en este país [China]...

> Tal vez en ciertos temas hay ciertos grupos unidos para protestar por sus derechos, tales como los jóvenes discapacitados. Tenemos una federación de gente discapacitada, pero es también cuasi-gubernamental. Pero conozco localmente... en una comunidad tal vez ellos [los jóvenes] se organizan a sí mismos como gente joven. Entonces, tratan de proteger sus propios derechos... [ayudándose entre sí y a los demás a mejorar la calidad de vida de la comunidad] (entrevista).

Como nos relata este actor privilegiado, la participación está "encorsetada" en los canales cuasi-estatales confluyendo centralizadamente en la Confederación Nacional de Jóvenes de China. A pesar de que debiera legalmente sólo canalizarse por la Asociación de Jóvenes Voluntarios, la participación local, informal y de tipo voluntaria por la autogestión y provisión de servicios sociales es "tolerada" informalmente.

A pesar de ser estos los dos únicos canales aceptables para el régimen, el proceso de reforma del Estado e instauración de una economía de mercado que impulsó China desde el 14° Congreso del PCCh en 1992 ha tenido claros ganadores y perdedores (Zheng, 2002: 63-65). Entre los perdedores se destacan los granjeros y los trabajadores industriales de empresas estatales (Zheng, 2002: 50, tabla 1), quienes han protagonizado la principal resistencia a este proceso de reformas.

La protesta social estalla recurrentemente a pesar de las persecuciones y la escasa tolerancia del régimen a la disidencia. Ejemplos de esto son las persecuciones y asesinatos de estudiantes en 1989 durante las revueltas de Tiananmen; o las actuales persecuciones, torturas y encarcelamientos sufridas por los miembros del grupo religioso Falun Dafa. Esta última organización fue declarada ilegal en 1999, pero reconoce unos cien millones de miembros en el país (según un folleto de Falun Dafa Chile: "Él [PCCh] no pudo tolerar que esta práctica fuera más popular o con mayor poder de convocatoria que las ideas mismas del Partido Comunista..."). Los encarcelamientos de seguidores en campos de trabajo forzado ya han llegado a 100.000 y hay 1600 muertos.

Como ilustración del impacto inevitable de la protesta social, a continuación reproducimos una cita de un informe oficial sobre la situación social en China:

> Varios eventos (protestas sociales) llevando a la inestabilidad social, han tenido lugar en los recientes años, y algunos de ellos son realmente severos, teniendo un impacto negativo en la estabilidad social como un todo. Estos eventos toman muchas formas como huelgas de trabajadores, huelgas de docentes, visitas colectivas a altas autoridades [de gobierno], peticiones y marchas de protesta, conflictos violentos, demostraciones con sentadas, obstrucción de vías ferroviarias, huelgas de hambre, perniciosamente hiriendo a otros, destruyendo y robando. Algunas principales características son las que siguen. Primero, el incremento en intensidad. En algunas regiones, [los que protestan] bloquean las oficinas de gobierno, impidiendo la comunicación de líneas vitales, atacando a oficiales de gobierno y gritando consignas [contra el gobierno]. En una ciudad, durante un mes, los que protestaban atacaron el gobierno 23 veces. En algunas provincias, hubo ataques con bombas [caseras]. Segundo, un drástico crecimiento en los eventos involucrando acción colectiva. Por ejemplo, visitas colectivas a altas autoridades. Esto tuvo un crecimiento anual de un 27% en los últimos años. En

un distrito en el sur de China, hubo en un mes 13 visitas colectivas por granjeros muy revoltosos. Cada visita involucró a cientos de gente protestando, y fueron más de 10.000 personas en total. En la actualidad, estas visitas colectivas involucran a cientos de personas de diferentes villas y pueblos. Las protestas son importantes en fortaleza e ímpetu, los participantes conducen autos, llevan estandartes y pancartas, gritando consignas. Tercero, hay un rápido crecimiento en el número de eventos resultado de tensiones entre las masas y los oficiales de gobierno (Chunguang [1998: 129], citado por Zheng, 2002: 45-46).

Por lo tanto, "tolerada" o no, el PCCh inevitablemente se ve enfrentado a formas de participación disruptivas. En muchas de ellas, seguramente, hay jóvenes. En China, debido a las profundas transformaciones vividas, los incentivos políticos para activarse pueden emerger en cualquier momento, pero los riesgos son claros a la luz de las demostraciones que ha dado el Estado chino. Las circunstancias específicas (u oportunidades y peligros políticos) que restringen o fomentan la participación deben ser consideradas en todo caso a ser estudiado.

Singapur: caso corporativo, de democracia limitada

El modelo corporativo no es necesariamente no-democrático; Francia, Alemania, Bélgica y los Países Bajos se ubican en diferentes niveles de esta categoría según Salamon, Sokolowski y Anheir (2000: 19-20). Sin embargo, mayormente en Asia, este modelo convive con una democracia limitada, donde los derechos y libertades civiles se restringen —en algunos casos— al sufragio (ver O'Donnell, 1994, 1996). El caso de Singapur es uno de ellos, con un grado de limitación democrático medio. Específicamente sobre las relaciones entre Estado y sociedad, el corporativismo implica:

> [...] que el Estado ha sido inducido o compelido a hacer causa común con las instituciones sin fines de lucro, a fin de que las instituciones sin fines de lucro funcionen como uno de los varios mecanismos

"pre-modernos" que son deliberadamente preservados por el estado en sus esfuerzos por retener el apoyo de las elites sociales clave mientras evita demandas más radicales de protección y bienestar social (Salamon, Sokolowski y Anheir, 2000: 17).

En el caso de los canales institucionales de participación para la juventud (considerando que aquí existen más incentivos y menos riesgos que en China para participar disruptivamente por "fuera"), estos se restringen a dos tipos:

1. Canales estatales: la *People's Association Youth Movement* (PAYM), "extensión juvenil de las organizaciones de base nacionales lideradas por el gobierno en cada barrio o zona" (IYF, 1999: 12). Esta organización depende de la *People's Association* (PA), formada en 1960 como la organización nacional de bases con el objeto de "construir una nación cohesionada y dinámica por medio de la participación de masas en actividades educativas, sociales, culturales, deportivas y recreativas, entre otras" (IYF, 1999: 14, n. 8).
2. Canales cuasi-estatales: organizaciones no gubernamentales, pero dependientes del gobierno, e incluso alineadas y dirigidas por el Estado. Las dos principales organizaciones son la *National Youth Achievement Award* (de la red *The Duke of Edinburgh Award Association*) y *Youth Challenge* (IYF, 1999: 18).

La PAYM es la principal institución en el agrupamiento de jóvenes, con diez mil adherentes de entre 12 y 35 años, conectados por escuelas y clubes barriales (IYF, 1999: 13, tabla). En los casos de la *National Youth Achievement Award* y el *Youth Challenge*, a pesar de no ser instituciones formalmente gubernamentales, las decisiones son tomadas por las autoridades del Estado nacional. Ambas tienen en su consejo directivo a ministros del gobierno, parlamentarios o jefes de las fuerzas armadas. Incluso, en la *National Youth Achievement Award*, su presidente es el Ministro de Comunicaciones (IYF, 1999: 19). Es decir, el estado ejerce un control estricto sobre el estatus de estos organismos, definiendo sus privilegios y el curso de sus acciones.

Una explicación muy difundida desde la sociología de la cultura considera que estos modelos de participación de escasa autonomía personal se deben a la herencia del confucianismo, el que fomenta un respeto estricto a la autoridad patriarcal (Bell, 1995: 17-40). Más allá de lo debatible de esta afirmación, a los fines de nuestra investigación resulta de interés la necesidad de considerar las relaciones entre el Estado y la sociedad a la hora del estudio de la participación política de los jóvenes. No sólo es de importancia a los efectos de considerar democracias no liberales, sino que incluso (en un estudio más específico) resulta interesante para considerar las diferencias entre las liberales y las social-liberales, así como el estudio de las transformaciones históricas que pudieran sufrir.

El caso de Eslovaquia, por ejemplo, es ilustrativo de un proceso de apertura y liberalización política. Luego del surgimiento del Estado eslovaco, y a pesar del régimen de Mečiar, fue disolviéndose el modelo de partido-Estado soviético que imperaba en Checoslovaquia. Este proceso de progresiva liberalización de la participación política (y por tanto de transformación en las relaciones entre el Estado y la sociedad) tuvo un efecto decisivo en el desarrollo de las organizaciones juveniles de Eslovaquia. Macháček (1996) da cuenta detallada de este proceso, al observar tres tendencias entre las organizaciones juveniles: a. Pluralización por fin del modelo centralizado de partido-Estado; b. Desestatización por la apertura al desarrollo de organizaciones no gubernamentales; y c. Descentralización en su accionar por la pluralización en combinación con el retroceso del Estado en la ejecución de ciertas políticas públicas, en especial las vinculadas al bienestar socioeconómico.

En resumen, si el peso de determinadas formas organizativas —como vimos en el capítulo 2— debe ser considerado en el estudio de las formas de participación, es igualmente importante la consideración por la influencia (y las oportunidades y riesgos que ofrecen) las relaciones entre el Estado y la sociedad que se hayan estructurado históricamente. Es de esperar, por tanto, que su influjo se perciba en las lógicas de acción colectiva que se desarrollen en el interior del entramado organizativo.

3.5. A modo de cierre

En este breve apartado hemos buscado tan sólo agregar, al análisis más profundo que hemos hecho en el capítulo 2, cuatro dimensiones sociales o macro que deben ser consideradas en el estudio de la participación política de las juventudes. El obviar estas cuatro dimensiones o ejes favorece la abstracción del sujeto joven de su entramado social. Ignorar esto supone sostener una inexactitud que hemos buscado superar en todo el libro: creer que existe *la* juventud, un actor único y uniforme, ajeno a tiempo y espacio, que se desenvuelve en masa. Las juventudes son diversas, complejas y se ven atravesadas por las particularidades de sus ámbitos institucionales y nacionales, así como están inmersas en el momento que les ha tocado vivir. Tiempo donde se han producido profundas transformaciones como las que hemos ya visto, imprimiendo importantes cambios a las trayectorias de vida de los sujetos.

En pocas palabras, en este capítulo hemos buscado enriquecer el análisis incluyendo más sistemáticamente y de manera clara cuatro dimensiones que hemos considerado en el estudio de casos del capítulo 2, pero que por razones analíticas y de claridad argumental hemos desarrollado con menor profundidad. La integración de ambas perspectivas de aproximación al problema de la participación política de las juventudes resulta un requisito indispensable para su cabal comprensión.

CONCLUSIÓN

> Los cambios sociales han sustituido las bases
> del llamado conflicto generacional que se expresaba
> en la lucha de los jóvenes por el poder adulto.
> Mucho de lo que se ha dado en llamar
> la desafección política juvenil es el abandono
> de esa lucha.
>
> Diana Krauskopf (2000: 124)

En el curso de estas páginas hemos visto que los jóvenes no tienden a agruparse para generar procesos colectivos de representación de intereses "juveniles". Esta particularidad en la inscripción política de las juventudes (junto con los amplios procesos de transformación sociopolítica) impiden afirmar la existencia de algún tipo de conflicto generacional. La inexistencia de este clivaje como estimulador de una escisión política no es una "patología", sino más bien un signo de una nueva época.

No es producto de una crisis propia de los jóvenes como actores políticos la supuesta disociación entre la expectativa social depositada sobre *la* juventud y su realidad actual. Una situación de evidente escaso activismo y "falta" de un *movimiento social de juventud*, generalmente es confrontada a la voluntad de ver en *la* juventud a un "natural" actor político central-estratégico en un conflicto que se presentaría como generacional. Este error se debe a considerar que la ubicación de un sujeto en el entramado social, y los similares roles sociales desarrollados por el conjunto etario del que forma parte, presupone una correlación con cierta manifestación de una identidad y objetivos políticos. La existencia de jóvenes organizados políticamente por diferentes objetivos y bajo diversos metarelatos (o sin ellos) no hace de este conjunto –por tan sólo pertenecer a una misma franja etaria- un único actor político, sino varios (ambientalistas, cristianos, anarquistas, indigenistas, etc.), los cuales no necesariamente comulgan entre sí. El fin de los metarelatos metaprescriptivos no crea nuevas identidades, sino que acentúa diferencias antes consideradas subsidiarias de otras más englobadoras. Es, empero, importante reconocer que no por ello estas identidades que emergen se presentarán en la arena pública constituyendo un nuevo clivaje político. Es decir, *la* juventud puede ser una condición transitoria y común a ciertos grupos, pero siempre se trata de varios sujetos sociales con intereses contradictorios.

A pesar de la complejidad de intereses (o juventudes) en pugna que impiden presuponer la conformación de un actor juvenil único, lo que es posible sostener es la "presencia de una sensibilidad juvenil común que uno puede contrastar con otras sensibilidades de otros sectores, que atraviesa a hombres y mujeres, que cambia según el substrato etario, pero que existe" (Garretón, 2003: 10). Es por ello que *la* juventud como entidad política colectiva es un constructo repelido por los propios jóvenes, ya que anula la especificidad personal, uniformizando en la masa. Es aquí donde radica el fracaso de los discursos que buscan interpelar universalmente a las juventudes utilizando o no un sustento en los metarelatos metaprescriptivos clásicos (como siguen siendo la juventud comunista, la juventud socialista, etc.). Estos intentos de registro universal ignoran que lo que se enfrenta son entidades e intereses múltiples, diversos e imbricados entre sí que no se reconocen (en su inscripción política) como "juventud". Una vez disueltas las certezas que producían las comunidades de partidos se han extinguido las pertenencias "fuertes", y el individuo no se reconoce más como parte de ellas. Como hemos dicho en el capítulo 1, y vale la pena recordar aquí, la condición juvenil es una construcción sociocultural, históricamente definida (cambiante y transitoria), producto de procesos de disputa y negociación entre las representaciones externas y las propias del sujeto en dicha condición. Por lo tanto, "ser joven" (lo social) no implica una organización "juvenil" (lo político). La condición juvenil es una más –junto con, por ejemplo, la de mujer, indígena, campesino, judío, homosexual, etc.– la cual, combinada, constituye una "ubicación" del sujeto en una trama mayor de relaciones sociopolíticas en conflicto. Sin embargo, a diferencia de todas aquellas referidas antes, la condición juvenil resulta la única transitoria (aunque recurrente).

Aunque –por los resultados obtenidos– es demasiado difícil poder hablar de un *movimiento social de juventud* (un movimiento integrado sólo por jóvenes luchando por la representación de intereses definidos como juveniles), sí vemos que las juventudes siguen mayormente inscribiéndose colectivamente como estudiantes, y en algunos casos como trabajadores, campesinos, mujeres, gays o indígenas. A pesar de la multiplicidad de intereses contradictorios y formas de participación diversas, esta sensibilidad común al grupo etario –situado relacionalmente en el tiempo y el espacio– implica un común deseo de estar, de ser escuchados y considerados por los otros en su especificidad (la que nunca debe perder preeminencia frente al colectivo). Para el joven, este reconocimiento debe convivir con el de ser incluido en el agrupamiento como un par (como una persona con capacidades y atributos igualmente valorables). En esta necesidad-deseo de tener voz y ser reconocido y valorado yace la búsqueda por insertarse identitariamente en un entramado complejo y que lo preexiste. Si el deseo de ser reconocido y aceptado tiene preeminencia absoluta, puede implicar que la inserción conlleve un bajo o nulo cuestionamiento al *statu quo*. Es por ello que el reconocimiento como un sujeto político con voz propia no entraña que lo expresado sea una afirmación de identidad únicamente. En otras palabras, "[...] los jóvenes no sólo intentan responder a la pregunta '¿quién soy yo?', sino también a la interrogante '¿a dónde voy?'" (Mische, 1998: 14).

Los jóvenes se presentan en busca de constituirse identitariamente (y por tanto ser reconocidos por los otros). Pero, simultáneamente, buscan redefinir su entorno a fin de establecer nuevas certezas sobre éste, buscando así respuestas (generalmente fragmentadas) al rumbo personal como al del mundo (o país). Esta doble inscripción, como reconocimiento y como orientación, es la que puede —bajo ciertas coyunturas— constituir agrupamientos políticos donde los proyectos biográficos interactúen y hasta se fusionen con proyectos colectivos (en un "ida y vuelta"). Entonces, si bajo determinadas circunstancias sujetos diversos pueden constituir actores colectivos, *¿es posible esperar la conformación de una "conciencia generacional" entre sujetos con intereses diversos, pero con sensibilidades comunes?*

Como hemos visto en los casos, el hecho de que diferentes sujetos hayan nacido en fechas cercanas, siendo actualmente todos de edades similares, no implica que por ello entre sí coincidan en la experimentación y valoración del contexto social (Mannheim, 1959: 297). No sólo porque las transformaciones en la matriz sociopolítica y la individualización son vividas de maneras diferentes, sino también porque la mera contemporaneidad cronológica no produce una "ubicación generacional común" (Mannheim, 1959: 297). Es imposible, por ejemplo, afirmar que un joven de diecinueve años con VIH-SIDA de una zona precaria de los suburbios de Johannesburgo comparta una ubicación generacional con otro de la misma edad, de clase media y estudiante de tiempo completo de Berlín. "La generación como una realidad […] involucra aún más que una mera copresencia en una región histórica y social. Un nexo más concreto se necesita para constituir a la generación en una realidad" (Mannheim, 1959: 303). Lo que se requiere es la "*participación en el destino común* de la unidad histórica y social [donde habitan o se conciben para sí]" (Mannheim, 1959: 303). Retomando la pregunta reformulada: por lo tanto, *¿es posible que esta participación común produzca una "conciencia generacional" entre los jóvenes?*

Considerando las cuatro dimensiones o ejes presentados en el capítulo 3 y que las juventudes están definidas situacionalmente, la respuesta parece radicar en que sólo ante coyunturas críticas —y por momentos acotadas– existe el potencial para la emergencia de conciencias grupales que sostengan la acción colectiva entre jóvenes, conectándolos a través de diversas edades. Ejemplos probables serían el *apartheid* entre los jóvenes negros urbanos de Sudáfrica o el zapatismo entre los jóvenes indígenas del sur de México.

Aunque estas circunstancias excepcionales (que merecen un estudio específico) acontecen esporádicamente y debido a dinámicas que exceden a los propios jóvenes, si el agrupamiento resulta generacional (más escaso aún), lo que debería observarse es que se produce una reconceptualización de los clivajes en conflicto, las identidades colectivas y las formas de participación política. Esto implicaría entonces que —mientras los adultos luchan contra ciertos actores– para los jóvenes estos resultan ajenos, viéndose inmersos en conflictos de otro tipo.

En otras palabras, entre las juventudes existen sensibilidades particulares a su condición, sustentadas en vivencias generacionales compartidas. No obstante la presencia de esta condición juvenil –excepto por coyunturas excepcionales– no tiende a constituir actores ni proyectos políticos, sino mundos de la vida más cercanos y por tanto códigos y lenguajes compartidos. Sin embargo, es común la tendencia a ver *voluntaristamente* en estos códigos y cercanías biográficas una condición para su constitución en sujetos políticos. Empero, lo que realmente se reproduce con más asiduidad es que estas sensibilidades comunes se traducen en formas de participación con ciertos patrones comunes y con un interés central compartido: ser escuchados y reconocidos en su compleja alteridad (sus condiciones de seres únicos e irreproducibles) y unicidad (condición humana).

Esta perspectiva, no obstante, presenta una pregunta analítica central: "Si el joven actual no se presenta como sujeto político definido en términos de confrontación generacional, ¿por qué analizar entonces jóvenes?, ¿por qué no observar la militancia de sujetos, más allá de la edad?" (María Graciela Rodríguez, comunicación personal). En pocas palabras, porque la pregunta sobre cómo se manifiestan políticamente los *nuevos llegados* a este mundo es de gran relevancia política ya que su respuesta está asociada al presente y futuro de nuestras comunidades, conformadas en torno a instituciones y prácticas que requieren de algún tipo de acción política renovada a través del tiempo. Es por ello que —como fue desarrollado en el primer capítulo— teóricamente resulta preciso sostener la categoría analítica de "sujeto en condición juvenil" sin restricciones definidas por un rango etario. Analizándolo en su proceso de participación, esto ha permitido encontrar patrones comunes de activación, de participación y de acercamiento/alejamiento de la participación política.

La comprensión del nuevo escenario donde se desenvuelven estos nuevos llegados y los patrones de participación asociados a ellos conlleva la imprescindible reformulación de muchas de las preconcepciones sobre las juventudes y su participación política utilizadas en algunos análisis y en gran parte de la gestión en políticas de juventud. En este sentido, la búsqueda de forzar el agrupamiento político autoorganizado de jóvenes por la representación de intereses "juveniles" no parece ser el rumbo indicado. Lo que el estudio en profundidad nos indica es que el camino a transitar debiera ser el de resignificar la implicación política de los jóvenes reconociendo toda la complejidad que les es propia. La búsqueda debe enfocarse a insertar al sujeto en el entramado organizacional y social no como *un joven*, sino como un ser humano con particularidades que deben ser reconocidas. Como dice un joven de Filipinas: "Empecemos de nuevo. Dejemos de ver a los jóvenes como gente joven, empecemos a ver a los jóvenes como miembros de toda la sociedad…" (David, IYF Annual Meeting). Este reconocimiento social parece ser el desafío presente de las juventudes en el mundo contemporáneo.

ANEXO: CUESTIONARIOS UTILIZADOS EN LA INTERNET

Los cuestionarios fueron distribuidos en español, inglés y francés entre las personas entrevistadas por medio de la Internet (22), y seleccionadas bajo los mismos criterios que aquellos individuos entrevistados por el autor en forma personal y telefónica (en inglés y español).

- **PARA JÓVENES:**

JÓVENES Y PARTICIPACIÓN SOCIAL Y POLÍTICA

Muchas gracias por tu interés. Tu opinión es realmente muy importante.

El siguiente cuestionario fue elaborado para ser completado por **ti**. Por favor desarrolla todas las respuestas lo más posible, sin preocuparte por la extensión.

La investigación que llevamos adelante busca saber más sobre la visión que los jóvenes tienen sobre su participación en organizaciones políticas y sociales, en el nivel local, nacional y transnacional. Esta investigación es desarrollada en el marco de la *Fundación Charles Leopold Mayer pour le Progrès de l'Homme*. ¡Queremos oír tu voz!

PREGUNTAS

1. ¿Cuál de las siguientes afirmaciones crees que mejor define la visión que la sociedad tiene de los jóvenes? ELIGE UNA OPCIÓN

   o "Los jóvenes son apáticos e individualistas"

   o "Los jóvenes son el futuro"

   o "Los jóvenes son la vanguardia del cambio y la innovación"

   o "Los jóvenes son inconstantes y sin claridad en lo que desean"

   o "Los jóvenes son adultos con iguales derechos y responsabilidad, pero de menor edad"

   o Otra ¿cuál?:

   1.a. ¿Por qué crees que tienen esta visión?

2. ¿Cuál es tu visión de los jóvenes?
3. En tu opinión, ¿cuáles son los temas o problemas que más impulsan a los jóvenes a participar en organizaciones políticas y sociales?
4. Si tuvieras que establecer una escala de mayor (1) a menor (5) de las razones por las que Tú participas políticamente, ¿cuáles elegirías?

ELIGE COMO MÁXIMO CINCO OPCIONES

   o Por mi profesión/trabajo

   o Por mi preferencia sexual

   o Por mi preferencia religiosa o espiritual

   o Por ser estudiante

   o Por ser de izquierda, derecha o centro

   o Por ser joven

- o   Por ser indígena

- o   Por ser inmigrante

- o   Por mis gustos culturales y musicales

- o   Por mi color de piel

- o   Por mi nacionalidad

- o   Por mi condición económica y/o social

- o   Por ser varón

- o   Por ser mujer

- o   Otra ¿cuál?:

5. ¿De qué manera se expresa más comúnmente la participación política de los jóvenes?

SELECCIONA EN ORDEN (1° a 3°) LAS TRES PRINCIPALES OPCIONES.

- o   ONG

- o   Grupos autoorganizados

- o   Movimientos sociales

- o   Movimientos culturales

- o   Movimientos contraculturales

- o   Partidos políticos

- o   Sindicatos

- o   Organizaciones religiosas o dependientes de algún credo (laicas o no)

- o   Movimientos estudiantiles (universitarios o secundarios)

- o   Otras ¿cuál/cuáles?:

6. ¿De qué manera te expresas políticamente con más frecuencia?

   6.a. ¿Por qué?

7. ¿Qué herramientas utilizas más frecuentemente para llevar adelante tus iniciativas sociales y/o políticas?

8. ¿Cuál es tu interés o expectativa cuando participas políticamente?

9. ¿Qué opinas de la siguiente frase?:
   "La participación política se expresa en aquellas acciones que tienden a impulsar un cambio en la sociedad, no importa si este cambio se lo busca por la organización de movimientos sociales como los antiglobalización como por el trabajo de ayuda a la comunidad que uno puede realizar en los Scouts o YMCA"

10. ¿Cuáles crees que son las mayores dificultades que los jóvenes tienen para participar políticamente?

11. ¿Crees que los adultos representan un problema para la participación política de los jóvenes?, ¿o los jóvenes son un problema para los adultos?

12. Siendo autocrítico, ¿crees que hay algo que los jóvenes debieran cambiar y/o mejorar para lograr participar más políticamente?

DATOS:

* Nombre y apellido (opcional):
* E-mail (opcional):
* Edad:
* País:
* Organización:
* Tipo:
* Nivel de trabajo: Local - Nacional - Transnacional

¡MUCHAS GRACIAS!

- **PARA ADULTOS:**

<u>JÓVENES Y PARTICIPACIÓN SOCIAL Y POLÍTICA</u>

Muchas gracias por su interés. Su opinión es realmente muy importante y valiosa.

La investigación que llevamos adelante busca responder a la problemática invocación de la juventud como sujeto político. Este cuestionario fue elaborado con el fin de conocer más sobre la participación de los jóvenes en organizaciones sociales y políticas, en el nivel local, nacional y transnacional.

Esta investigación es desarrollada en el marco de la *Fundación Charles Leopold Mayer pour le Progrès de l'Homme*.

El siguiente cuestionario fue elaborado para ser completado por **usted**. Por favor desarrolle todas las preguntas lo más posible, sin preocuparse por la extensión.

PREGUNTAS

1. Si debiera establecer algunas distinciones, ¿cuáles son aquellas características distintivas de los jóvenes a la hora de su participación en organizaciones sociales y políticas?
2. ¿Qué intereses, temáticas o problemas activan políticamente con más frecuencia a los jóvenes? ¿Por qué?
3. ¿Cuál es el tipo de organización política en la que los jóvenes tienden a nuclearse con más frecuencia?

SELECCIONE EN ORDEN (1° a 3°) LAS TRES PRINCIPALES OPCIONES.

- o ONG
- o Redes sociales informales (grupos autoorganizados sin institucionalización)
- o Movimientos sociales

- o   Movimientos culturales

- o   Movimientos contraculturales

- o   Partidos políticos

- o   Sindicatos

- o   Organizaciones religiosas o dependientes de algún credo (laicas o no)

- o   Movimientos estudiantiles (universitarios o secundarios)

- o   Otras ¿cuál/cuáles?:

3. a. ¿Por qué?

4. ¿Cuál es el nivel más frecuente de alcance de las iniciativas que impulsan los jóvenes?

- o   Local (a su comunidad directa)

- o   Nacional

- o   Transnacional

4.a. ¿Por qué?

5. ¿Los jóvenes se organizan políticamente para…?
SELECCIONE TODAS LAS OPCIONES QUE DESEE Y ORDÉNELAS

(1= PRINCIPAL)

- o   Ayudar a otros diferentes de ellos

- o   Ayudarse a sí mismos colectivamente

- o   Autorrealizarse individualmente

- o   Cambiar algún patrón específico de la realidad

  ○ Cambiar la realidad en general ("el sistema")

  ○ Manifestar sus diferencias con los adultos

  ○ Otras ¿cuál/cuáles?:

6. ¿Cuáles son las principales formas en las que se manifiesta la participación política de los jóvenes?

7. ¿Cuáles son las principales herramientas que los jóvenes utilizan para llevar adelante su participación?

SELECCIONE EN ORDEN (1° a 5°) LAS CINCO PRINCIPALES OPCIONES.

  ○ Internet

  ○ Radio, TV, periódicos masivos

  ○ Medios de comunicación independientes o propios

  ○ Vínculos de amistad

  ○ Redes religiosas (ej., por medio de parroquias)

  ○ Redes o tribus urbanas (ej., punks)

  ○ Eventos culturales (ej., conciertos de rock)

  ○ Instituciones educativas

  ○ Instituciones de gobierno

  ○ Redes de ONG u otras organizaciones sociales ya existentes

  ○ Grupos políticos informales

  ○ Grupos políticos formales

  ○ Otras ¿cuál/cuáles?:

8. ¿Cuáles son los problemas que más comúnmente deben enfrentan los jóvenes cuando participan en organizaciones políticas y sociales?

9. Si debiera destacar una serie de pautas centrales que deben ser consideradas por el adulto para trabajar política y socialmente con jóvenes, ¿cuáles destacaría?, ¿Por qué?

DATOS:

- Nombre y apellido (opcional):
- E-mail (opcional):
- País:
- Organización:
- Tipo:
- Nivel de trabajo: Local - Nacional - Transnacional
- Trabaja con voluntarios: Sí   No
- Trabaja con jóvenes: Sí   No

¡MUCHAS GRACIAS!

BIBLIOGRAFÍA

AARON, P. (2004) 'One World US Special Report': www.benton.org/publiclibrary/onewordus/aron/aron1.html.

AD HOC WORKING GROUP FOR THE YOUTH AND THE MDGS (2004) *Youth and the Millennium Development Goals: Challenges and opportunities for implementation, Interim Report for Consultation.* Naciones Unidas: www.mdgyouthpaper.org.

AGUILERA, O. (2003) "Tan jóvenes, tan viejos: los movimientos juveniles en el Chile de hoy", en Steigler, H. (ed.), *Inter Joven, La juventud en el Triángulo de las Bermudas. Reflexiones y estudios sobre jóvenes (1999-2003).* INJUV - FOSIS - GTZ: Santiago.

ALARCÓN, C. (2003) *Cuando me muera quiero que me toquen una cumbia. Vida de pibes chorros.* Norma: Buenos Aires.

ALPÍZAR, L. y BERNAL, M. (2003) "La construcción social de las juventudes", *Última Década*, No. 19, 1-20.

AMNESTY INTERNATIONAL (s/f) *Starting out. A guide to setting up an Amnesty International youth group.* Youth and Student Office - Amnesty International UK: Londres.

APPADURAI, A. (1996) *Modernity at Large: cultural dimensions of globalization.* Minneapolis: The University of Minnesota Press.

ARENDT, H. (1998) *The Human Condition.* University of Chicago Press: Chicago.

ARVANITAKIS, J. (2003) *Highly affected, Rarely considered. International Youth Parliament Commission into Globalisation.* International Youth Parliament - Oxfam Community Aid Abroad: Sydney.

BALARDINI, S. (2002) 'Juventud de América Latina. Recuerdos del futuro', presentado en el Encuentro Internacional 10 años de Políticas de Juventud: Análisis y Perspectivas, 17 al 21 de junio de 2002, Málaga.

——————— (2005) "Evaluación de capacidades en organizaciones juveniles del Mercosur. Informe Argentina". CELAJU - UNESCO - Banco Mundial: Buenos Aires.

BECK, U. (1994) "The reinvention of politics: Towards a theory of reflexive modernization" en Beck, U., Giddens, A. y Lash, S. *Reflexive Moderniza-tion*. Stanford University Press: California.

——————— (1999) "Hijos de la libertad: contra las lamentaciones por el derrumbe de los valores", en Beck, U. (comp.) *Hijos de la libertad*. Fondo de Cultura Económica: México DF.

BELL, D., BROWN, D., JAYAURIYA, K. y JONES, D. (1995) *Towards Illiberal Democracy in Pacific Asia*. Saint Martin's Press: Oxford.

BENDIT, R. (2000) "Participación social y política de los jóvenes en países de la Unión Europea", en Balardini, S. (comp.) *La participación social y política de los jóvenes en el horizonte del nuevo siglo*. CLACSO: Buenos Aires.

BENJUMENA, A. (2002) "Youth Network of Medellín", en Golombeck, S. (ed.) *What works in youth participation: Case studies from around the world*. International Youth Foundation: Baltimore.

BENNET, A. (2000) *Popular music and youth culture*. Macmillan: Basing-stoke.

BENNET, W. (2003) "Communicating global activism: Strength and vulner-abilities of networked politics", *Information, Communication & Society*, Vol. 6, No. 2, 143-168.

BIDASECA, K. y ROSSI, F. (2008) "Coaliciones nacionales contra procesos continentales de liberalización comercial: la Autoconvocatoria No al ALCA", en Grimson, A. y Pereyra, S. (comps.) *Conflictos globales, voces locales. Movilización y activismo en clave transnacional*. UNRISD-Prometeo: Buenos Aires.

BOWMAN, K. (s/f) 'Turning rhymes into votes. Political power and the hip-hop generation', Hip-Hop Convention: www.hiphopconvention. org/issues/voting/rap2vote.cfm.

BRANNEN, J. y NILSEN, A. (2002) "Young people's time perspectives: From youth to adulthood", *Sociology*, Vol. 36, No. 3, 513-537.

BRASLAVSKY, C. (1986) *La juventud argentina. Informe de situación*. Centro Editor de América Latina: Buenos Aires.

BÚTORA, M. y BÚTOROVÁ, Z. (1999) "Slovakia's Democratic Awaken-ing", *Journal of Democracy*, Vol. 10, No. 1, 80-95.

CASTEL, R. (1997) *La metamorfosis de la cuestión social*. Paidós: Buenos Aires.

CASTELLS, M. (1997) *The Information Age: Economy, society and culture. The power of identity*. Volume 2. Blackwell: Oxford.

——————— (2000) "Toward a sociology of the network society", *Contemporary Sociology*, Vol. 29, No. 5, 693-699.

——————— (2001) *The Internet Galaxy. Reflections on the internet, business and society'* Oxford University Press: Oxford.

CHUNGUANG, W. (1998) "1997-1998 Nian: Zhongguo shehui wending zhuangkuang de diaocha", en Xin, R. et al. (eds.) *Sheshui lanpishu 1998*. Shehui keuxe wenxian chubanshe: Beijing.

COSTA, P., PÉREZ, J. y TROPEA, F. (1996) *Tribus urbanas. El ansia de la identidad juvenil: entre el culto a la imagen y la autoafirmación a través de la violencia*. Paidós: Barcelona.

CRAIG JENKINS, J. (1994) "La teoría de la movilización de recursos y el estudio de los movimientos sociales", *Zona Abierta*, No. 69, 4-50.

CRUZ, M. (1998) *La identidad generacional*. ISPAJ: Santiago.

DÁVILA LEÓN, O. (2002) "Biografías y trayectorias juveniles", *Última Década*, No. 17, 97-116.

DELLA PORTA, D. y KRIESI, H. (1998) "Movimenti sociali e globalizzazione", *Rivista Italiana di Scienza Politica*, Año XXIII, No. 3, 451-482.

DESA (1998) *Statistical charts and indicators on the situation of youth (1980-1995)*. Department of Economic and Social Affairs, Naciones Unidas: Nueva York.

——————— (2004) *WorldYouth Report 2003. The global situation of young people*, Department of Economic and Social Affairs. Naciones Unidas: Nueva York.

DONOSO, I. (1998) *Sujetos, mentalidades y movimientos sociales en Chile*. CIDPA: Viña del Mar.

DORNBUSCH, S. (2000) "Transitions from adolescence: A discussion of seven articles", *Journal of Adolescent Research*, Vol. 15, No. 1, 173-177.

EDWARDS, B., MOONEY, L. y HEALD, C. (2001) "Who is being served? The impact of student volunteering on local community organizations", *Nonprofit and Voluntary Sector Quarterly*, Vol. 30, No. 3, 444-461.

FEIXA, C. (1998) *De jóvenes, bandas y tribus*. Ariel: Barcelona.

FEIXA, C., SAURA, J. y COSTA, C. (eds.) *Movimientos juveniles: de la globalización a la antiglobalización*. Ariel: Barcelona.

FERNÁNDEZ, G. (2000) "Notas sobre la participación política de los jóvenes chilenos", en BALARDINI, S. (comp.) *La participación social y política de los jóvenes en el horizonte del nuevo siglo*. CLACSO: Buenos Aires.

FOWERAKER, J. (2001) "Grassroots Movements and political activism in Latin America: A critical comparison of Chile and Brazil", *Journal of Latin American Studies*, Vol. 33, Parte 4, 839-865.

GARRETÓN, M. (1999) "Política y juventud", en Steigler, H. (ed.), *Inter Joven, La juventud en el Triángulo de las Bermudas. Reflexiones y estudios sobre jóvenes (1999-2003)*. INJUV - FOSIS - GTZ: Santiago de Chile.

——————— (2002) "La transformación de la acción colectiva en América Latina", *Revista de la CEPAL*, No. 76, 7-24.

——————— (2003) "Los jóvenes en los nuevos escenarios de cambios sociales", en Steigler, H. (ed.), *Inter Joven, La juventud en el Triángulo de las Bermudas. Reflexiones y estudios sobre jóvenes (1999-2003)*. INJUV - FOSIS - GTZ: Santiago de Chile.

——————— (2004) "La calidad de la política en Chile", *Colección Ideas* 42. Fundación Chile 21: Santiago de Chile.

GIDDENS, A. (1991) *Modernity of self-identity: Self society in the Late Modern Age*. Polity Press: Cambridge.

GIL DE LA TORRE, M. (2002) "Visibilidad de la movilización juvenil en México. Notas para su análisis", *Última Década*, No. 17, 11-39.

GILLIS, J. (1993) "Vanishing youth: The uncertain place of the young in a global age", *Young. Nordic Journal of Youth Research*, Vol. 1, No. 1, 3-17.

GORDON, J. (1999) 'Hip-Hop Brasileiro: Brazilian youth and Alternative Black Consciousness Movements', presentado en la American Anthropology Association Meetings, 18 de noviembre de 1999, Stanford University.

GUNDELACH, P. (1995) "The decline in protest activity among the young", *Young. Nordic Journal of Youth Research*, Vol. 3, No. 4, 36-53.

HEINZ, W. (2000) "La transición de los jóvenes y el empleo en Alemania", *International Social Science Journal*, Vol. LII, No. 164, 30-40.

HELD, D. (2000) "Regulating globalization? The reinvention of politics", *International Sociology*, Vol. 15, No. 2, 394-408.

HENDERSON, S., TAYLOR, R. y THOMSON, R. (2002) "In touch: Young people, communication and technologies", *Information, Communication & Society*, Vol. 5, No. 4, 494-512.

ILLERIS, K. (2003) "Learning, identity and self-orientation in youth", *Young. Nordic Journal of Youth Research*, Vol. 11, No. 4, 357-376.

ILLO, J. (2003) *On their own behalf. Case studies of child and youth participation in The Philippines*. Consuelo Foundation - UNICEF – IPC: Manila.

INTERNATIONAL YOUTH FOUNDATION (1996) *Youth Participation: Challenges and opportunities. Meeting Report*. International Youth Foundation: Nakhon Pathom.

IYF (1999) "The challenge of participation. The case of Singapore", International Youth Foundation: www.youthmovements.org.

JÄRVIKOSKI, T. (1995) "Young people as actors in the environmental movement", *Young. Nordic Journal of Youth Research*, Vol. 3, No. 3: www.sub.su.se/sam/nyri/young.htm.

JELIN, E. (2001) "Cultural movements and social actors in the new regional scenarios: the case of Mercosur", *International Political Science Review*, Vol. 22, No. 1, 85-98.

KECK, M. y SIKKINK, K. (1996) *Activists beyond borders. Advocacy networks in international politics*. Cornell University Press: Ithaca.

KESSLER, G. (2000) "Redefinición del mundo social en tiempos de cambio. Una tipología para la experiencia de empobrecimiento", en Svampa, M. (ed.) *Desde abajo. Las transformaciones de las identidades sociales*. Biblos: Buenos Aires.

KINKADE, S. (2003) "Patrick Kaupun. Promoting community self-reliance", en Kinkade, S. *Youth in Action. Profiles of youth leading change around the world*. Youth Action Net - International Youth Foundation: Baltimore.

KRAUSKOPF, D. (2000) "Dimensiones críticas en la participación social de las juventudes", en Balardini, S. (comp.) *La participación social y política de los jóvenes en el horizonte del nuevo siglo*. CLACSO: Buenos Aires.

LAGRÉE, J. (2004) "Review Essay: Youth, families and global transformations", *Current Sociology*, Vol. 52, No. 1, 103-110.

LARSON, R. (2002) "Globalization, societal change, and new technologies", *Journal of Research on Adolescence*, Vol. 12, No. 1, 1-30.

LECHNER, N. (1995) "La reforma del Estado y el problema de la conducción política", *Perfiles Latinoamericanos*, No. 7, 149-178.

LEHMANN, C. (1998) "La voz de los que no votaron", *Puntos de Referencia*, No. 197, 1-7.

LYOTARD, F. (1999) *La condición posmoderna*. Altaya: Madrid.

MACHÁČEK, L. (1996) "Tendencies in the transformation of the youth movement in Slovakia after 1989", *Human Affairs*, No. 6, 63-76.

MANIN, B. (1992) "Metamorfosis de la representación", en Dos Santos, M. *¿Qué queda de la representación?* CLACSO-Nueva Sociedad: Caracas.

MANNHEIM, K. (1959) "The problem of generations", en Mannheim, K. (ed.) *Essays on the Sociology of Knowledge*. Routledge & Kegan Paul: Londres.

MARGULIS, M. y URRESTI, M. (1996) "La juventud es más que una palabra", en Margulis, M. y Urresti, M. (eds.) *La juventud es más que una palabra*. Biblos: Buenos Aires.

——————— (1998) "La construcción social de la condición de juventud", en Cubides, H., Laverde Toscano, M. C., Valderrama, C. y Margulis, M. (comps.), *'Viviendo a toda'. Jóvenes, territorios culturales y nuevas sensibilidades*. Editorial Universidad Central - DIUC Siglo del Hombre Editores: Bogotá.

MARTÍN-BARBERO, J. (1998) "Jóvenes: des-orden cultural y palimpsestos de identidad", en Cubides, H., Laverde Toscano, M. C., Valderrama, C. y Margulis, M. (comps.), *'Viviendo a toda'. Jóvenes, territorios culturales y nuevas sensibilidades*. Editorial Universidad Central - DIUC Siglo del Hombre Editores: Bogotá.

MARX, I. y REINOSO, A. (2003) "Jóvenes adultos. Conversando sobre 2 investigaciones cualitativas", en Steigler, H. (ed.), *Inter Joven, La juventud en el Triángulo de las Bermudas. Reflexiones y estudios sobre jóvenes (1999-2003)*. INJUV - FOSIS - GTZ: Santiago de Chile.

MCADAM, D., MCCARTHY, J. y ZALD, M. (1999) *Movimientos sociales: perspectivas comparadas*. Istmo: Madrid.

MCADAM, D., TARROW, S. y TILLY, C. (2001) *Dynamics of Contention*. Cambridge University Press: Nueva York.

MCDONALD, K. (2002) "From solidarity to fluidarity: Social movements beyond 'collective identity' - the case of globalization conflicts", *Social Movements Studies*, Vol. 1, No. 2, 109-128.

MELUCCI, A. (1994) "Asumir un compromiso: identidad y movilización en los movimientos sociales", *Zona Abierta*, No. 69, 153-180.

———————— (1996) "Youth, time and social movements", *Young. Nordic Journal of Youth Research*, Vol. 3, No. 3: http://www.alli.fi/nyri/young/1996-2/artikkelMelucci2-96.htm.

MERINO, S. (2001) *La Tasa Tobin. Tres años de historia*. ATTAC Argentina - Peña Lillo - Ediciones Continente: Buenos Aires.

———————— (s/f) 'ATTAC y la Tasa Tobin, un movimiento y un impuesto de alcances mundiales', ATTAC Argentina: www.attac.org/argentina.

METZ, E., MCLELLAN, J. y YOUNISS, J. (2003) "Types of voluntary service and adolescents' civic development", *Journal of Adolescent Research*, Vol. 18, No. 2, 188-203.

MINKOFF, D. (2002) "The emergence of Hybrid Organizational Forms: Combining identity-based service provision and political action", *Nonprofit and Voluntary Sector Quarterly*, Vol. 31, No. 3, 377-401.

MINUTES - WORLD YWCA COUNCIL (2003) *Minutes: World YWCA Council 2003. Brisbane, Australia, July 4-10, 2003*. World YWCA: Ginebra.

MISCHE, A. (1998) "Las redes de jóvenes brasileños y la creación de una cultura cívica", *Revista Mexicana de Investigación Educativa*, Vol. 3, No. 5, 53-75.

MOKWENA, S. (2004) 'From youth struggles to youth development', presentado en la United Network of Young Peacebuilders African Student Conference on Youth Inclusion, Empowerment and Action, 18 al 29 de abril de 2004, Freetown.

MOKWENA, S. y DUNHAM, J. (1999) 'Youth as nation builders. Youth participation in the US political process: some considerations', International Youth Foundation: www.youthmovements.org.

MORTIMER, J. y LARSON, R. (2002) "Macrostructural trends and the reshaping of adolescence", en Mortimer, J. y Larson, R. (eds.) *The changing adolescent experience*. Cambridge University Press: Cambridge.

MUÑOZ TAMAYO, V. (2002) "Movimiento social juvenil y eje cultural. Dos contextos de reconstrucción organizativa (1976-1982/ 1989-2002)", *Última Década*, No. 17, 41-64.

MUUKLONEN, M. (s/f) 'Orandum est ut sit mens sana in corpore sano - Formation of the Triangle Principle of the YMCA', manuscrito inédito.

NAUHARDT, M. (1997) "Construcciones y presentaciones. El péndulo social en la construcción social de la juventud", *Revista Jóvenes*, año 1, No. 3, 36-47.

O'CONNOR, A. (2003) "Punk Subculture in Mexico and the Anti-globalization Movement: A report from the front", *New Political Science*, Vol. 25, No. 1, 43-53.

O'DONNELL, G. (1994) "Delegative Democracy?", *Journal of Democracy*, Vol. 5, No.1, 56-69.

—————— (1996) "Otra Institucionalización", *Revista Ágora*, No. 5, 5-28.

OFFE, C. (1992) *Partidos políticos y nuevos movimientos sociales*. Editorial Sistema: Madrid.

OXHORN, P. y STARR, P. (1999) *Markets and democracy in Latin America: conflict or convergence?* Boulder: Lynne Rienner.

OXHORN, P., TULCHIN, J. y SELEE, A. (2004) *Decentralization, democratic governance, and civil society in comparative perspective: Africa, Asia, and Latin America*. Baltimore: Johns Hopkins University Press.

PACINI HERNÁNDEZ, D., FERNÁNDEZ L'HOESTE, H., y ZOLOV, E. (2004) *Rockin' las Américas: the global politics of rock in Latin/o America*. University of Pittsburgh Press: Pittsburgh.

PAIS, J. (2000) "Las transiciones y culturas de la juventud: formas y escenificaciones", *International Social Science Journal*, Vol. LII, No. 164, 89-101.

PALÁCIO DE AZEVEDO, F. (2005) *Juventude, cultura e políticas públicas*. Centro de Estudos e Memória da Juventude - Anita Garibaldi: São Paulo.

PNUD (2004) *Informe Nacional de Desarrollo Humano Panamá 2004. De la invisibilidad al protagonismo: la voz de la juventud. Resumen Ejecutivo.* Programa de Naciones Unidas para el Desarrollo: Panamá.

POLLOCK, G. (1997) "Individualization and the transition from youth to adulthood", *Young. Nordic Journal of Youth Research*, Vol. 5, No. 1, 55-67.

REGUILLO, R. (1998) "El año dos mil, ética, política y estéticas: imaginarios, adscripciones y prácticas juveniles. Caso mexicano", en Cubides, H., Laverde Toscano, M. C., Valderrama, C. y Margulis, M. (comps.), *'Viviendo a toda'. Jóvenes, territorios culturales y nuevas sensibilidades*. Editorial Universidad Central - DIUC Siglo del Hombre Editores: Bogotá.

—————— (2003) "Ciudadanías juveniles en América Latina", *Última Década*, No. 19, 1-20.

ROBERTSON, R. (1995) "Glocalization: Time-space and homogeneity-heterogeneity", Featherstone, M., Lash, S. y Robertson, R. (eds.) *Global Modernities*. Sage: Londres.

RODRÍGUEZ, E. (2002) *Actores estratégicos para el desarrollo. Políticas de juventud para el Siglo XXI*. Instituto Mexicano de la Juventud: México DF.

——————— (2004) 'Participación juvenil y políticas públicas en América Latina y el Caribe: algunas pistas iniciales para reflexionar colectivamente', presentado en el Encuentro Iberoamericano de Plataformas Asociativas de Juventud, 23 y 24 de agosto de 2004, Lima.

ROSANVALLON, P. (1995) *La nueva cuestión social*. Manantial: Buenos Aires.

ROSSI, F. (2003) 'Highly impacted, rarely considered. A youth analysis of the impacts of globalization on youth people for the UN Commission for Social Development', presentado en la 41ª Sesión de la Comisión de Desarrollo Económico y Social (ECOSOC), Naciones Unidas, Nueva York.

——————— (2005a) "Las asambleas vecinales y populares en la Argentina: las peculiaridades organizativas de la acción colectiva contenciosa", *Sociológica*, No. 57, 113-145.

——————— (2005b) "Crisis de la República Delegativa. La constitución de nuevos actores políticos en la Argentina (2001-2003): las asambleas vecinales y populares", *América Latina Hoy*, No. 39, 195-216.

——————— (2005c) "Aparición, auge y declinación de un movimiento social: las asambleas vecinales y populares de Buenos Aires, 2001-2003", *European Review of Latin American and Caribbean Studies*, No. 78, 67-88.

——————— (2008) "La transnacionalización Norte-Sur de los conflictos y sus actores: la experiencia de la red ATTAC en Argentina" en Grimson, A. y Pereyra, S. (comps.) *Conflictos globales, voces locales. Movilización y activismo en clave transnacional*. UNRISD-Prometeo: Buenos Aires.

——————— (2009) "Youth political participation: Is this the end of generational cleavage?", *International Sociology*, Vol. 24, No. 4, 467-97.

RUBIN, H. y RUBIN, I. (1995) *Qualitative Interviewing: The art of hearing data*. Thousand Oaks: Sage.

RUDD, P. y EVANS, K. (1998) "Structure and Agency in youth transitions: Students experiences of vocational further education", *Journal of Youth Studies*, No. 1, 39-62.

SALAMON, L., SOKOLOWSKI, S. y ANHEIER, H. (2000) "Social origins of Civil Society: An overview", Working Papers of the Johns Hopkins Comparative Nonprofit Sector Project 38, The John Hopkins University, Baltimore.

SANDOVAL, M. (2000) "La relación entre los cambios culturales de fines de siglo y la participación social y política de los jóvenes", en Balardini, S. (comp.) *La participación social y política de los jóvenes en el horizonte del nuevo siglo*. CLACSO: Buenos Aires.

SANDOVAL MOYA, J. (2003) "Ciudadanía y juventud: el dilema entre la integración social y la diversidad cultural", *Última Década*, No. 19, 1-15.

SARSWAHI, T. y LARSON, R. (2002) "Adolescence in global perspective: An agenda for social policy", en Brown, B., Larson, R. y Sarswahi, T. (eds.) *The world's youth: Adolescence in eight regions of the globe*. Cambridge University Press: Cambridge.

SERNA, L. (1998) "Globalización y participación juvenil. En búsqueda de elementos para la reflexión", *Revista Jóvenes*, año 2, No. 5, 15-27.

SCHOFIELD, J. (2002) "Increasing generalizability of qualitative research", en Michael Huberman, A., Miles, M. (eds.) *The qualitative researcher's companion*. Thousand Oaks: Sage.

SIKKINK, K. (2003) "La dimensión transnacional de los movimientos sociales", en Jelin, E. (comp.) *Más allá de la nación: las escalas múltiples de los movimientos sociales*. Libros del Zorzal: Buenos Aires.

SMITH, C. y ROJEWSKI, J. (1993) "School-to-work transition, alternatives for educational reform", *Youth and Society*, Vol. 25, No. 2, 222-250.

SOARES, C. (2000) "De juventudes, transiciones y el fin de las certidumbres", *International Social Science Journal*, Vol. LII, No. 164, 80-88.

SORIANO DÍAZ, A. (2001) "Microculturas juveniles. Las tribus urbanas como fenómeno emergente en España", *Revista Jóvenes*, año 5, Vol. 15, 134-149.

SPOSITO, M. (1999) 'Algumas hipóteses sobre às relações entre movimentos sociais, juventude e educação', presentado en la XXII Reunião Anual da ANPEd, septiembre de 1999, Universidade de São Paulo.

STEIGLER, H. (2000) "La juventud en el Triángulo de las Bermudas", en Steigler, H. (ed.), *Inter Joven, La juventud en el Triángulo de las Bermudas*.

Reflexiones y estudios sobre jóvenes (1999-2003). INJUV - FOSIS - GTZ: Santiago de Chile.

STEINBERG, L. y LERNER, R. (2004) "The scientific study of adolescence: a brief history", *Journal of Early Adolescence*, Vol. 24, No. 1, 222-250.

SVAMPA, M. (2000) "Introducción", en Svampa, M. (ed.) *Desde abajo. Las transformaciones de las identidades sociales*. Biblos: Buenos Aires.

———————— (2000) "Identidades astilladas. De la patria metalúrgica al heavy metal", en Svampa, M. (ed.) *Desde abajo. Las transformaciones de las identidades sociales*. Biblos: Buenos Aires.

TARROW, S. (1997) *El poder en movimiento. Los movimientos sociales, la acción colectiva y la política*. Alianza: Madrid.

———————— (2003) "'Global" Movements, complex internationalism, and North-South inequality', presentado en el Workshop on Contentious Politics, 27 de octubre de 2003, Columbia University.

TARROW, S. y MCADAM, D. (2005) "Scale shift in transnational contention", en Della Porta, D. y Tarrow, S. (eds.) *Transnational protest & global activism*. Boulder: Rowman and Littlefield.

THE FOUNDATION FOR YOUNG AUSTRALIANS (2003) *The Foundation for Young Australians Annual Report 2003*. The Foundation for Young Australians: Melbourne.

THEZÁ MANRÍQUEZ, M. (2003) "Apuntes para una resignificación de la participación política de los jóvenes a partir del eje igualdad-desigualdad", *Última Década*, No. 19, 1-24.

TOSSUTTI, L. (2004) 'Youth voluntarism and political engagement in Canada', presentado en la Annual Meeting of the Canadian Political Science Association, 3 al 5 de junio de 2004, Manitoba University.

TREATMENT ACTION CAMPAIGN (2004) 'Treatment Action Campaign. An Overview': www.tac.org.za.

UNICEF - UNAIDS - WHO (2003) *Young People and HIV / AIDS. Opportunity in crisis*. UNICEF - UNAIDS - WHO, Naciones Unidas: Nueva York.

UNICEF (2002a) *Adolescence. A time that matters*. UNICEF - Naciones Unidas: Nueva York.

———————— (2002b) *The state of the world's children 2003*. UNICEF - Naciones Unidas: Ginebra.

URRESTI, M. (2000) "Paradigmas de participación juvenil: un balance histórico", en Balardini, S. (comp.) *La participación social y política de los jóvenes en el horizonte del nuevo siglo*. CLACSO: Buenos Aires.

VALENZUELA, A. (1998) "La política de partidos y la crisis del presidencialismo en Chile: una propuesta para una forma parlamentaria de gobierno", en Linz, J. y Valenzuela, A. (comps.) *La crisis el parlamentarismo. El caso de Latinoamérica*, Tomo 2. Alianza: Madrid.

VALENZUELA, J. (1998) "Identidades juveniles", en Cubides, H., Laverde Toscano, M. C., Valderrama, C. y Margulis, M. (comps.), *'Viviendo a toda'. Jóvenes, territorios culturales y nuevas sensibilidades*. Editorial Universidad Central - DIUC Siglo del Hombre Editores: Bogotá.

VAN AELST, P. y WALGRAVE, S. (2002) "New media, new movements? The role of the Internet in shaping the 'anti-globalization' movement", *Information, Communication & Society*, Vol. 5, No. 4, 465 - 493.

WENNHALL, J. (1993) "Created or creative? The theory of construction and youth as an active category", *Young. Nordic Journal of Youth Research*, Vol. 1, No. 1, 18-28.

WIERENGA, A. (2003) 'Sharing a new story: Young people in decision-making', Working Paper 23, The Foundation for Young Australians - Australian Youth Research Center of the University of Melbourne.

WILKINSON, H. (1999) "Hijos de la libertad. ¿Surge una nueva época ética de la responsabilidad individual y social?" en Beck, U. (comp.) *Hijos de la libertad*. Fondo de Cultura Económica: México DF.

WILLIAMS, A. (2004) 'From youth engagement to leadership', presentado en la International Youth Foundation 14th Annual Partner Network Meeting, 3 al 6 de octubre de 2004, Buenos Aires.

WILSON, J. (2000) "Volunteering", *Annual Review of Sociology*, No. 26, 215-240.

WITTKAMPER, J. (2001) 'Do we have a movement yet?', International Youth Foundation: www.youthmovements.org.

WORLD YWCA (s/f) 'Guide to starting a YWCA', World YWCA: www.worldywca.org.

WYN, J. y DWYER, P. (2000) "Nuevas pautas en la transición de la juventud en la educación", *International Social Science Journal*, Vol. LII, No. 164, 17-29.

WYN, J. y WHITE, R. (1997) *Rethinking Youth*. Sage: Londres.

——————— (2000) "Negotiating social change. The paradox of youth", *Youth & Society*, Vol. 32, No. 2, 165-183.

WYNESS, M., HARRISON, L. y BUCHANAN, I. (2004) "Childhood, politics and ambiguity: Towards an agenda for children's political inclusion", *Sociology*, Vol. 38, No. 1, 81-99.

YOUNISS, J., SUSAN, B., DIVERSI, M., CHRISTMAS-BEST, V., MCLAUGHLIN, M. y SILBEREISEN, R. (2002) "Youth civic engagement in the Twenty-First Century", en Larson, R., Bradford, B. y Mortimer, J. (eds.) *Adolescents' preparation for the future. Perils and promise*. Blackwell: Londres.

YOUNISS, J., MCLELLAN, J. y MAZER, B. (2001) "Voluntary service, peer group orientation, and civic engagement", *Journal of Adolescent Research*, Vol. 16, No. 5, 456-468.

ZHENG, Y. (2002) "State rebuilding, popular protest and collective action in China", *Japanese Journal of Political Science*, Vol. 3, Parte 1, 45-70.